安徽省乡村治理案例研究

左光之　张静如　杜宇能　编著

合肥工业大学出版社

图书在版编目(CIP)数据

安徽省乡村治理案例研究/左光之,张静如,杜宇能编著. —合肥:合肥工业大学出版社,2023.9

ISBN 978 - 7 - 5650 - 6442 - 5

Ⅰ.①安… Ⅱ.①左… ②张… ③杜… Ⅲ.①乡村—社会管理—研究—安徽 Ⅳ.①D638

中国国家版本馆 CIP 数据核字(2023)第 170386 号

安徽省乡村治理案例研究

左光之　张静如　杜宇能　编著		责任编辑　袁　媛
出　版	合肥工业大学出版社	版　次　2023 年 9 月第 1 版
地　址	合肥市屯溪路 193 号	印　次　2023 年 9 月第 1 次印刷
邮　编	230009	开　本　710 毫米×1010 毫米　1/16
电　话	基础与职业教育出版中心:0551 - 62903120	印　张　12.75
	营销与储运管理中心:0551 - 62903198	字　数　210 千字
网　址	press. hfut. edu. cn	印　刷　安徽联众印刷有限公司
E-mail	hfutpress@ 163. com	发　行　全国新华书店

ISBN 978 - 7 - 5650 - 6442 - 5　　　　　　　　定价: 56.00 元

如果有影响阅读的印装质量问题,请与出版社营销与储运管理中心联系调换。

本书编委会

主　　编　左光之　张静如　杜宇能

参　　编　张亚新　吴运法　纵风云

　　　　　孟守东　刘　宁　王　灿

　　　　　熊　玮　付岚岚　宋淑芳

指导单位　安徽省农业农村厅

　　　　　安徽省乡村振兴局

　　　　　安徽建筑大学

协编单位　安徽省乡村振兴研究院

　　　　　安徽省乡村振兴促进会

序　言

　　乡村治则百姓安，国家稳。乡村振兴战略，是关系全面建设社会主义现代化国家的全局性、历史性任务，是新时代"三农"工作的总抓手。实施乡村振兴战略，不仅需要国家层面的政策支持，需要加大农村基础设施投入，更需要保护和激活乡村治理的主体协同能力，增强乡村社会治理效能。党的二十大报告指出，要全面推进乡村振兴，坚持农业农村优先发展，加快建设农业强国，扎实推动乡村产业、人才、文化、生态、组织振兴，巩固拓展脱贫攻坚成果。其中，乡村产业、人才、文化、生态、组织五大振兴与乡村治理有着密切的联系，有效的乡村治理是实现乡村五大振兴的重要手段和保障。

　　当前，我国城乡利益格局深刻调整，农村社会结构深刻变动，农民思想观念深刻变化。这种前所未有的变化，给农村经济社会发展带来巨大活力，同时也形成了一些有待解决的问题和困难，乡村治理任务还相当繁重。乡村振兴离不开和谐稳定的社会环境，为此需要加强和创新乡村治理，建立健全党委领导、政府负责、社会协同、公众参与、法治保障、科技支撑的现代乡村社会治理体制，健全党组织领导下的自治、法治、德治相结合的乡村治理体系，让乡村社会既充满活力又和谐有序，从而更好地为乡村振兴提供制度基础和重要保障。

　　典型引领是农业农村部推进乡村治理工作的一种重要方法。为进一步发掘和总结各地典型经验做法，以点带面推进全国乡村治理工作，农业农村部打造了全国乡村治理典型案例的"金字招牌"，建立了典型案例库，营造了比学赶超的良好氛围，为各地因地制宜探索形成符合本地实际的乡村治理方法、模式提供了有益的借鉴。

鉴于此，笔者组织编写了《安徽省乡村治理案例研究》一书。本书从我国乡村治理发展的历史演化入手，梳理我国乡村治理的演进过程，分析近年来安徽省乡村治理现状和取得的成绩，在此基础上，以基层党的建设为主线，从党的建设引领、共治共享、产业振兴三个方面，重点和全面地分析安徽省乡村治理的典型案例，搜寻一些国内外发达地区乡村治理的经典案例，总结整理后，在对比研究的基础上提出安徽省乡村治理提升的方案与对策。

本书在写作过程中，参考和借鉴了许多国内学者的相关理论和研究，安徽省很多地方基层的同志也提供了大量的素材，在此表示由衷的感谢。由于编写时间有限，书中难免存在不足之处，恳请专家与同行提出宝贵意见，以便修改和进一步完善。

左光之

2023 年 3 月

目 录

第三篇　共建共治共享推进乡村治理

第四篇 产业振兴推动乡村治理

第五篇　安徽乡村治理的总结

第一篇 总 论

第一章　乡村治理的理论体系

"时代是思想之母，实践是理论之源。"理论对实践的指导作用，其重要性是不言而喻的。乡村治理是否有效，决定着乡村社会的发展、繁荣和稳定程度，也体现着地方治理和国家治理的效能水平，而乡村治理的有效实施也离不开理论的指导。厘清乡村治理理论有助于为我国农村地区的研究工作开拓新的思路，对乡村治理活动具有重大的理论意义。

第一节　乡村治理的形成与内涵

作为社会的基础组成部分和国家的基本单元，乡村在国家治理中占据重要地位。新中国成立之后，出于现代化建设的需要，国家治理重心逐渐由乡村转向城市。毋庸置疑，破败萧条、治理失序的乡村既不符合农民对美好生活的期待，也不利于国家的政治稳定以及长治久安。因此，国家需要加强乡村建设，实现有效治理。

一、乡村治理理论的形成

（一）治理与治理理论

翻阅"治理"研究的历史，可发现长期以来"治理"主要应用于同国家公共事务相关的政治管理活动之中。1989 年，世界银行首次使用了"治理危机"一词，最早将现代意义上的治理概念明确引入国家的治理中。此后，政治学、发展经济学、国际关系学等领域相继出现"治理"的概念，并进行了"城市治理""公司治理""国家治理"等讨论，"治理"也逐渐被广泛地应用到政治社会的发展研究中。

对于"治理"一词的定义，它并不等同于日常我们所提的"治理脏乱差""治理污染""治理河道"等词组中的"治理",其含义正在逐渐地丰富和发展,目前关于"治理"的定义也没有一个明确统一的标准。但在关于"治理"的各种定义中,全球治理委员会给出的界定最具代表性和权威性。1995 年,该委员会在《我们的全球伙伴关系》报告中对治理作出如下界定:治理是各种公共的或者私人的个人和机构管理其共同事务的诸多方式的总和。它是使相互冲突的或不同的利益得以调和并采取联合行动的持续的过程。它不是一整套规则,也不是一种活动,而是一个过程。治理过程的基础不是控制,而是私人部门和公共部门协调合作的持续过程。我国著名学者徐勇针对我国的研究语境也作出如下定义:治理是通过一定权力的配置和运作对社会加以领导、管理和调节,从而达到一定目的的活动。

（二）乡村治理理论的提出

"乡村治理"概念的提出与运用,与治理理论的广泛流行密切相关。治理理论是西方学术界最具影响力的理论体系和框架之一,该理论的流行引起了国内学术界的广泛关注,中国学者们则顺应时代发展潮流,巧妙地将"治理"这一用语应用到中国乡村问题的研究中来,中国乡村治理理论也随之应运而生。

1998 年,以徐勇教授领衔的华中师范大学中国农村问题研究中心,吸收了"治理"理念,并结合中国"三农"的实际情况,首次提出了"乡村治理"这一更富有包容性的概念来解释和分析中国乡村社会。相比于现有的"村民自治""村级自治"等概念,"乡村治理"这一概念对于研究处于转型和变革中的中国农村社会更具有广泛的适应性,能将社会变迁中的农村政治、经济、社会等诸多方面容纳进来,进行综合性分析。若想要实现这一取向,则脱离不了中国"三农"问题中现存的理论与实践状况。回顾中国农村的发展史,发展过程中虽有太平盛世的天下局面,但农民往往都是身处于弱势群体的位置,即使是改革开放后,农民问题也依然引起世人的关注。20 世纪末,面对着"农村真穷、农民真苦、农业真危险"的群众呼声,"三农"问题再次引起国内各界人士的广泛关注。以"乡村治理"为关键词的乡村问题研究不断涌现,并逐渐成为研究乡村问题道路上的主流范式,乡村治理理论也成了一种新型基层政治的理想用语。乡村治理理论的提出和研究可以说是"治理"理论与乡村研究成功嫁接的结果,为广大农村研究工作者寻求和开拓了新的政治理论视野。

二、乡村治理理论的内涵

关于乡村治理理论的内涵，著名学者贺雪峰认为："乡村治理是指如何对中国进行，或中国乡村如何可以自主管理，从而实现乡村社会的有序发展。"俞可平认为："农村治理就是农村公共权威管理农村社区，增进社区公共利益的过程。"这里的公共权威既可以是官方的，也可以是民间的，或官方与民间机构的合作。由此可见，乡村治理指的是通过治理乡村，追求农村社区利益的最大化，从而实现乡村善治。乡村治理理论开拓了治理问题研究的新领域，是治理理论在农村公共事务管理过程中的运用与发展。

乡村治理理论作为一种新的理论研究，是对传统乡村社会管理的一种重新阐述。"乡村治理"是治理理论在乡村管理工作中的广泛应用，它涉及乡村治理的主体、权力结构、目标、方式等不同维度，再加上它集不同学科领域、不同地理区域和不同学术流派的研究和阐释于一体，其内涵也变得非常丰富，主要包括乡村治理的主体、权力配置方式、治理目标、治理过程这四个方面。

（一）治理主体的多元化

治理主体的多元化是治理理论的首要内容，治理理论特别强调治理主体的多元化，除政府外，治理主体还包括其他民间组织和公民个人。在乡村治理中，乡村治理资源的多元性导致了乡村治理主体多元性的存在，乡村治理主体不仅仅是正式的权力机构——政府，还包括村庄内部各种得到村民认可的权威组织机构。而且乡村治理倾向于更多地关注政府以外的乡村权威机构，对于乡村治理的主体，赵树凯认为，在乡村治理体系中，多种主体相互依存，通过"参与""谈判"和"协调"等合作的方式来解决冲突，实现一种良好和谐的秩序。郭正林教授则更详细地进行了叙述，他明确提出："乡村治理，就是性质不同的各种组织，包括乡镇的党委、政府，以及七站八所、扶贫队、工青妇等组织机构，村里的党支部、村委会、团支部、妇女会、各种协会等村级组织，民间的红白理事会、慈善救济会、宗亲会等民间团体及组织，通过一定的制度机制共同把乡下的事务管理好。"从上述内容可见，在乡村社会的公共事务管理中，并非只有政府部门，还有公民社会、民间组织及私人机构参与其中。从某种意义上讲，乡村治理的成败在于是否能形成多元化的乡村治理主体并存的局面。

（二）权力配置方式的多元化

在传统的乡村管理理念中，人们习惯性认为只有政府掌握着管理公共事务的权力，公共权力的运用呈现出自上而下的单向性运行，但是治理理论却打破了这一定向思维，提出了权力依赖与权力的多元化配置。事实上，在乡村社会中，存在着丰富的相对于国家权力而言属于私权力范畴的社会公共权力，这些权力嵌于杜赞奇所说的"权力的文化网络"中，包括不断互相交错影响的农村民间组织和非正式关系网中。乡村治理理论的权力配置多元化承认了乡村社会的私权力在公共事务的治理过程中发挥着国家权力不可取代的作用。不仅仅是政府能行使乡村社会的公共权力，而且只要得到公众的认可，各种农村民间组织甚至是村民个人也可以有效行使乡村治理的公共权力。公共权力的运行在政府和社会之间呈现出上下互动的双向运行过程，同时也在民间社会中呈现平行互动的关系，权力配置多元化也承认了各种公共权力在乡村治理过程中不可避免地存在着"权力依赖"的特性。这种依赖性一方面表现在由于国家能力有限，必须对草根社会授权分权；另一方面表现在乡村草根社会为了得到更大的发展自由和更高的管理效率必须向国家索取权力。乡村治理必须实现治理乡村社会公共权力的多元化配置，正如一些学者所指出的那样：乡村治理的含义包含着国家权力和农村社区公共权力在乡村地域中的配置、运作、互动及其变化。事实上，乡村治理是国家和社会共同发挥作用，实现对乡村社会的调控和治理，并确立公共权威的动态过程。

（三）以公共利益为目标导向

乡村治理的目标非常明确，就是实现对乡村公共事务的管理，实现乡村社会公共利益的最大化。因此，乡村治理以公共利益的最大化为目标导向。乡村公共利益是政府与农村民间组织、私人机构，甚至是村民个人合作的前提。治理理论打破了政府活动代表公益、私人和其他社会组织代表私益的狭隘观念，而是认为两者的目标可以统一，二者能够进行有效的合作，从而能够追求公共利益最大化。在乡村治理理论下，乡村治理的一切行动都以公共利益为导向，只要是有益于增进村民公共利益的都应该纳入乡村治理活动中。只要是无益于或是有害于村民公共利益的，都在乡村治理范围之外。不管是乡村公共物品的供给还是村民公共安全，还是部分村民的纠纷，甚至是家庭纠纷，只要影响到公共利益的事务，都在乡村治理的范畴。如贺雪峰认为，"乡村治理是指如何对中国的乡村进行管理，或中国的乡村如何可以自主管理，从而实现乡村社会的有序发展"。其中的"有序发展"也就是公共利益所在。在这一方面，徐勇也曾经强调："只有对乡村社会的特性和变化有了充分的了解和认识，才能运用公共权力进行有效的治理，并达到现代化进程中重建乡村的目的。"总之，不管过程如何，其目的都是最大限度地实现乡村公共利益。

（四）治理过程自主化

乡村治理是一个极其复杂而又不确定的过程，其所涉及的一切事务都围绕着联系日益紧密的乡村社会物质文化生活需要中所存在的问题，而这些问题处于社会的最基层，加上乡村社会面积广阔，人口分散，政府部门不可能把所管辖的所有区域置其掌心之中，也不可能对其实现完全的控制。因此，乡村治理理论要求村民基本上是在宏观层面接受国家的方针政策，而在微观层面上应该实行自主自治，即发展自组织进行自主管理。通过自主管理，乡村社会将会成为一个极具自主性、组织性的社会体系。自组织理论认为一个自组织的产生、维持需要解决三个问题：第一是制度供给问题，即由谁来设计组织制度；第二是惩罚问题，即该如何惩罚以及惩罚的程度；第三是主体之间的相互监督问题。乡村社会是一个"熟人社会"，能满足这三个条件的要求。显然，乡村的很多非正式组织、团体或是自然村等，都能组成自组织，实现管理过程自主化。

第二节 乡村治理的主体和相关者

时代在不断发展，人也随之在不断进步，紧跟乡村现代化进程的步伐，乡村的各项实力不断得到提升，形成了一些乡村的社会组织，乡村百姓的民主自由思想和意识也在逐渐地觉醒。现如今，村民们更加积极参与乡村事务，勇敢地反映自己的诉求，想追求更加美好富裕的生活。乡村治理的主体正悄然地发生着改变，村中百姓不仅是治理乡村的主体也是治理乡村的客体，这也推动乡村治理的主体结构日益完善，越发往多元化的方向推进。

一、基层党组织——总揽全局主体

在乡村治理领域中，基层党组织是乡村治理现代化建设的"主心骨"，始终发挥着总揽全局的作用。党凭借其自身独特的组织属性，以政治性嵌入的方式领导着乡村治理，既兼顾了政党意志的传递和实现，又维持着乡村的秩序，在巩固党的政治合法性的同时，提高了乡村治理的效能。所以，在乡村治理中要充分发挥基层党组织的强大作用，逐步带领乡村百姓参与乡村治理。

在开展乡村治理的日常工作中，基层党组织要坚决防止组织弱化、虚化、边缘化现象，能够紧紧抓住"领导干部"建设这个重要环节，发挥党建的组织优势，更好地推动乡村治理；要站稳群众立场，了解广大农民群众的意见、要求、愿望和情绪，了解乡村治理中的各种矛盾和问题，能为上级党委制定正确的政策提供实践依据。只有牢固树立群众意识，摆正群众站位，才能够做好服务群众的工作，才能凝聚群众力量，共同书写乡村治理的优美答卷。

二、乡镇基层政府——主导责任主体

现阶段，各乡镇的基层政府在乡村治理中处于中心地位，发挥着主导责任的主体作用。基层政府的职责是为农村提供公共服务，实施有效的公共管理，而基层政府是政府和各个乡村的媒介，要积极响应上级的号召，及时将与乡村相关的各项制度、政策等内容贯彻实行到农村，利用好自身的优势与权力助力乡村更均衡、更快速地发展。

在乡村公共服务的供给上，基层政府和其他相关主体是协调合作的，作为处于核心主导地位的政府，要切实有效地改善乡村目前的公共服务现状，这需要基层政府从农村实际出发，帮助扶持社会组织的发展，不仅要提高社会组织的能力，也要提高基层政府自身的效能，对乡村进行有效组织、管理和调控，满足农民不断扩大的公共服务需要，更好地实现农村公共利益，统筹城乡发展，缩小城乡差距，切实解决农民真正关切的问题。

三、农民——自治参与主体

改革开放后，农村经济逐渐发展起来，农民生活水平有了显著提高，农民参与乡村治理有了一定的经济基础与法律保障，农民的市场经济主体地位与村民自治法律地位也随之确立，农民从乡村治理的客体逐步变成自治参与的主体，在乡村事务的处理中逐渐实现了当家作主。

农民是乡村在经济、社会、文化等治理领域工作的重要参与者，也是治理成果的评价者与享受者，是乡村治理中实践主体与价值主体二者的有机统一。实现农民在乡村治理上的高度自治有利于激发乡村百姓的潜能，更加高效地利用乡村资源，因此将自治权交到农民手上，让他们自己当家作主是很有必要的。这也就要求在实践中，需要提高农民有效参与乡村治理的自治能力，强化对村民的技能培训与再教育，提高农民的思想道德觉悟、科学文化素养和法治意识，同时需要加强完善农民主体能力实现机制，确保农民既可以有能力参与治理，且能力可以得到充分的发挥。

四、社会组织——社会协同主体

在乡村振兴战略背景下，要求创新乡村治理体系，走乡村善治之路。农村本土社会组织作为参与乡村治理工作的一个新兴主体，对补齐乡村治理短板，完善乡村治理体系具有创新意义。乡村治理的实现既需要依靠政府和农民，也要发挥社会组织的协同作用，只有调动各个主体，汇聚每一股力量，共同发挥作用，才能早日实现乡村"善治"。

乡村本土社会组织的存在一定程度上为村民和乡镇政府、村委会之间架起了一座沟通的桥梁。这些社会组织是由本村村民自发组建成立的，相当于村民意识的一个集合体，所以在吸引村民参与、集聚整合民意等方面有一定的优势。村民可以更好地反映自己的诉求，积极参与乡村治理工作。另外，乡镇政府、村委会等也可通过这些社会组织将各种方针、政策等更清晰有效地传达给村民。同时，村民们在组织内部通过相互交流和讨论，利于理解传达信息，从而有效推动下一步治理工作的开展。通过农村的社会组织，村民们之间、村民和其他治理主体之间能够形成一种良好的互动氛围，加强相互间的联系。这在一定程度上缓解了农村地区地域问题带来的影响，有利于调动更多农民参与乡村事务工作，从而完善基层群众自治。

第三节　乡村治理的原则和目标

乡村治理是一个漫长且复杂的过程，缺少原则的保障将不能正常地运行，缺少目标的指引将会迷失方向，所以在乡村治理过程中我们需要遵守一定的原则，制定科学有效的目标，这样才能够走得更快、更稳，早日实现乡村善治。

一、乡村治理的原则

（一）法治原则

依法治乡，是乡村现代化文明的一个重要标志。查阅我国上下五千年文明会发现其中频繁出现的"法"，早已根植在国家的治理中，我们需要做的是点燃乡村民众们内心深处的法律之火，引导他们拿起法律武器捍卫自己的合法权益。

乡村要"有序"，必须建设法治乡村。在推行依法治村的过程中，要不断增强基层干部和农民的法治意识，形成尊法、学法、守法、用法的良好氛围；要加强农村法律服务供给，提升村民法治能力；将涉农各项工作纳入法治化轨道，建设平安乡村，这样才能利于乡村法治化的发展，为乡村治理铺平道路，加速乡村的现代化进程。

（二）民主原则

民主是一种理念，更是一种治理方式。民主的推行，源于党对人民主体地位的尊重，源于党领导下的广大农民群众的自我探索和勇于实践。改革开放以来，尤其是进入中国特色社会主义新时代，随着人们民主意识的不断深化，其对民主的需求也不断增加，乡村的基层民主建设会是农民实现当家作主的有效途径。

实现民主管理是实现村民自治的重要途径。在实践中，民主管理能够调动广大农民的政治参与热情，激发农民参与的积极性和创造性。只有乡村生活的各个方面都实行民主化，农民才能放心大胆地反映自己的诉求，自觉地参与乡村治理，为家乡发展贡献力量。

（三）权利原则

乡村治理是国家治理的基础和构建中的应有之义，推进乡村治理现代化关键要有利于维护和发展乡村居民的基本权利。以全面深化改革助推乡村治理现代化的过程，也应是维护和发展农民基本权利的过程。

人活在世上，都希望活得有自由、有尊严，都希望有基本的权利保障和社会公平正义。中国古代有句至理名言："民之所好好之，民之所恶恶之。"实践经验表明，凡是尊重农民意愿的事，大都推动了社会的进步和发展；凡是有悖农民意愿的事，往往事与愿违，甚至会造成严重的社会问题。当前，维护和发展农民权利，首要做到的是真正保障农民的民主权利，尤其要尊重农民的意愿和话语权，乡村治理不能单靠村党支部和村委会全权做主。

（四）服务原则

乡村公共服务品质的提高也是衡量乡村治理成效的准则，是将党、政府和人民群众完美连接的桥梁。农村基层党组织是党领导农村社会发展的核心力量，充分发挥农村基层党建引领作用，对实现农村基层治理现代化具有重要意义。党建引领核心在于服务，基层党组织要注重提高自身的领导力，有效化解百姓生活中的种种矛盾与冲突，为百姓创造更加优质的服务，带领百姓在乡村治理的道路上一心一意向前进。

基层政府作为人民的公仆，其职责是为农村提供公共服务，在日常工作中，要注重提升公共服务水平，让社会管理与社会服务能够齐头并进，为广大农民建造一个高效规范的公共服务平台，为人民群众提供精细化、贴心细致的服务。

二、乡村治理的目标

没有目标的船会在苍茫大海中失去方向，没有目标的乡村治理也是同样，很有可能会走上错误的道路。为了早日治理好乡村，带领乡村百姓过上幸福富裕的生活，我们要确定好乡村治理的目标，坚定不移地向着目标，一步一步认真走。

（一）政治目标

让乡村走向和谐发展的道路，是乡村治理的政治目标。和谐发展的内在诉求指的就是共同发展，合理利用乡村的各项资源，让人和人之间、人与自然之间、人与乡村社会之间可以实现有机地统一，大家和平相处，彼此之间保持良好的关系，如同家人与朋友间的相处，没有冲突与纠纷，一起好好地生存发展。和谐是全人类共同的追求，和谐的发展可以最大程度地将一切资源利用起来，从而让人类的力量迸发出光芒。

（二）价值目标

切实地保障好广大农民的权利，是乡村治理的价值目标。治理乡村的过程中，最主要的是让人民过上好的生活，逐步走向美好富裕的道路，因此要能够更好地保障好广大农民的合法权利，让大家更积极主动地参与村民自治。在生活中，百姓们能够放心大胆地表露自己的诉求，可以全心全意地投入改善生活水平的创造性活动中去。

（三）根本目标

稳步改善农民们的生活水平，提升百姓的生活质量，是治理乡村过程中的根本目标。我国发展得越来越好，丰富多彩的生活给农民带来了更高的生活期许，大家急切地想增加自身收入，能够让自己一家生活得更幸福美好，这也就不断提高了他们对于治理乡村的期待。因此在治理乡村的过程中，我们要努力发展经济，让乡村群众收入不断增加，使大家充满希望。我们要不断完善乡村治理的体系，提高百姓的民主意识，发挥各基层组织与社会组织的效用，共同助力乡村的全面发展，让农民们在经济上和精神上都可以得到很好的满足。

（四）现代化目标

全面实现"公共性"是乡村治理的现代化目标。公共性指的是一种意识，它深深地见之于村民们的行为上，体现在百姓生活的一言一行中。我们需要重视起村民们"公共性"的培养，要大力完善公共基础服务设施建设，同时也要注重乡村百姓公共意识的形成与实行，打造更加文明温馨的乡村社会。所以我们要加快建设乡村公共基础设施的步伐，让百姓感受到公共生活的魅力；也要宣传美好的公共道德精神，让大家不自私自利，不局限于小我之中，而是为了集体、为了大家的共同发展而努力。

第四节　乡村治理的要求与关键

乡村是我国经济社会发展的重要基础。如期实现第一个百年奋斗目标并向第二个百年奋斗目标迈进，最艰巨、最繁重的任务在农村，最广泛、最深厚的基础在农村，最大的潜力和后劲也在农村。随着新型工业化、城镇化加快推进以及农村改革不断深入，我国广大乡村正经历着前所未有的变化。农业生产方式、社会结构的变化在促进农业发展、农村进步、农民富裕的同时，也给乡村治理带来一些新问题。因此，我国要一心一意地搞建设、谋出路，让乡村治理更加科学有效。只有乡村振兴，中华民族伟大复兴才指日可待。

一、乡村治理的要求

乡村治理是国家治理的基石，其治理成效不仅关系到乡村的全面振兴，更关系到整个国家的长治久安。为此，必须坚持自治、法治、德治"三治融合"，完善新时代乡村治理体系，推动乡村社会走向善治。

（一）以自治为基础，激活乡村治理内生动力

基层群众自治制度是我国的一项基本政治制度，也是当前乡村进行民主治理的主要方式。村民自治能从乡村实际出发，真正体现村民意志，激发村民创造力，而且有助于化解基层矛盾，提升村庄凝聚力。但随着村庄"空心化""三留守"现象日益突出，村民自治面临主体弱化问题，影响治理效果。乡村要有"活力"，必须探索村民自治的有效实现形式，提升村民乡村治理的主体自觉，充分发挥乡村基层群众自治制度优势。一是强化村民主体意识，充分尊重村民的主体地位，让村民在乡村公共事务上争做"主人翁"而不做"旁观者"，增强村民的乡村文化认同，强化村落社区的认同感和责任意识，增强农村社区的内聚力。二是重拾村规民约等载体建设，培育乡村公共性，在广泛深入征求村民意见基础上，由德高望重的新乡贤制定乡约，弘扬公序良俗；完善村民协商共议制度，由"为村民做主"到"让村民做主"，从而实现村民自我管理、自我教育、自我服务。三是利用互联网技术，拓宽乡村社会公共空间。在大量村民外出务工背景下，运用互联网和信息技术，通过微信群、乡村公众号等平台，延伸乡村社会公共空间，做到村里的事村民商量着办，让村民自治落到实处。

（二）以法治为保障，实现乡村治理井然有序

法治兴则国家兴，全面依法治国是党领导人民治理国家的基本方略，依法治理乡村是全面依法治国的应有之义。目前，部分乡村干部群众法治意识薄弱，法律公共服务质量不高，基层腐败现象还未彻底遏制，农村社会治安不容乐观。乡村要"有序"，必须建设法治乡村。一是增强基层干部和农民的法治意识，形成尊法、学法、守法、用法的良好氛围。要加大

普法力度，深入开展"法律进乡村"系列活动，打造法治广场、法治文化街区等宣传阵地，用"接地气"的方式开展农村法治宣传教育。二是加强农村法律服务供给，提升村民法治能力。加强乡镇司法所规范化建设，打造村级司法行政服务站，推进实体平台、服务热线、网络平台等乡村公共法律服务平台建设，全面推进"一村一居"法律顾问工作，实现法律援助和司法救助在乡村全覆盖，为广大村民提供便捷高效的法律服务。三是将涉农各项工作纳入法治化轨道，建设平安乡村。完善立法是法治乡村建设的前提，以良法保障善治，解决涉农法律法规滞后、可操作性不强等问题。严格规范公正文明的执法是乡村法治建设的关键，法律的生命力在于实施，加强乡村执法队伍建设，规范执法程序，加大关系村民群众切身利益的重点领域执法力度，加大农村基层微腐败惩治力度，深入开展扫黑除恶专项斗争，不断提高执法公信力，促进广大村民形成守法的行为自觉。

（三）以德治为支撑，树立乡村治理新风正气

人无德不立，国无德不兴。德治是强调自律的行为规范，有利于提升村民素质，起到价值引领和精神支撑作用。在乡村社会转型期，乡村社会还存在着一些道德滑坡、行为失范等现象。乡村要"和谐"，亟待重塑乡村社会道德规范，发挥德治的春风化雨作用。一是发挥道德模范引领作用，弘扬道德新风。要积极开展"农村道德模范""身边好人""新乡贤"等评选活动，深入宣传道德模范，弘扬中华传统美德，带动村民见贤思齐，引导村民向上向善、孝老爱亲、诚实守信。二是培育文明乡风，提升村民文化素养。结合社会主义核心价值观的时代要求，全面推行移风易俗，破除乡村陋习，培育文明乡风、良好家风、淳朴民风，让时代新风吹遍广袤乡村，村民文明素养得以内化于心、外践于行。不断完善公共文化服务体系，积极发挥新时代文明实践中心作用，开展各种文化活动和培训，不断丰富村民精神文化生活，以文化人。三是建立健全宣传和奖惩机制，促进道德规范有效实施。村规民约等行为规范的有效实施不仅需要发挥舆论和道德的力量，还需要利用乡村中各类载体进行引导，如张贴标语和宣传画，大力宣扬各类道德规范；让有德者有"得"，在荣誉、实物等方面进行激励，对失德者进行合情合理的规劝、约束，对屡教不改者则在符合法律法规的前提下让其寸步难行。

二、乡村治理的关键

现阶段，我国乡村治理普遍面临结构性问题。市场化、城市化和现代化进程的加快，改变了乡村特有的生产和生活方式，乡村作为一个村集体大家庭的身份认同日渐式微，集体认同的淡化削弱了乡村治理的文化基础。另外，在城市化的背景下，年轻人多外出打工，留守者多为老人与儿童，人才外流和留守者综合能力相对较弱，乡村空心化现象普遍。其结果是，乡村治理普遍存在治理主体缺位、治理无门、治理无方和治理无术等现象。

乡村治理有效的关键，在于确立村民的主体地位，重拾村民的乡村文化认同，提升村民的参与能力。唯有发自内心的文化认同，乡村治理才能是真正自发和自主的行为；唯有切实提升社区管理实践能力，才能从容面对和理性解决在乡村发展与治理过程中出现的各种现实问题。加强新时期的乡村治理工作，应从重塑乡村文化认同、根植乡村公共性两方面下功夫。

（一）善用乡村本身的社会文化等优势资源

乡村最大的优势在于"乡土性"，在于千丝万缕的社会文化尤其是情感方面的粘连性，在于几千年传承下来共通的社会文化认同和集体记忆。近些年"乡土性"虽然受到一定程度的冲击和影响，但基本上乡土的"根"还在，"熟人社会"的影子还在。要做的是重拾乡村文化认同，重塑与邻为善、以邻为伴、守望相助的乡村社区氛围，强化村民作为共同体的集体认同意识和行为主体意识。

（二）提升村民共同参与的意愿和参与能力

根植乡村公共性，激发村民的表达和参与意愿，增强村民议事能力。这种素养与能力，一方面需要对村民开展长期的教育和培训，另一方面需要给村民提供一定的公共平台和媒介。在党中央大力推进乡村振兴战略的背景下，要充分调动广大村民参与乡村发展的积极性和主动性，在实践中引导村民对乡村发展进行理性思考，不断提升他们表达、议事、交流和讨论等能力。通过文化认同感的凝聚和实际行动力的锤炼，进而确立和巩固村民作为乡村发展和乡村建设的主体地位，让其真正融入乡村发展与乡村治理过程。

第五节　乡村治理的发展方向

乡村治理是国家治理的基石，也是国家治理的短板。乡村治理不仅关系到农业农村改革发展，更关乎党在农村的执政基础，影响着社会大局稳定。只有加快补齐乡村治理这个短板，同步推进乡村治理现代化，才能实现国家治理体系和国家治理能力现代化这个宏伟目标。近年来，党中央、国务院对乡村治理作出了一系列重大决策部署。各地也高度重视加强乡村治理体系建设，积极探索有效的方法举措，取得了一定的成效。从各地的实践经验看，在乡村治理工作中需要把握好发展方向和重点。

一、坚持和完善党领导乡村治理的体制机制

党管农村工作是我党的传统，也是我国的优势。随着农村经济社会发展，当前乡村治理的范围已经拓展到农村经济、政治、文化、社会、生态文明建设等各个领域，是一项涉及面广的系统工程。因此，我国要毫不动摇地坚持和加强党对乡村治理工作的领导，确保党在乡村治理工作中始终总揽全局、协调各方，为健全乡村治理体系提供坚强有力的政治保障。要落实县乡党委抓农村基层党组织建设和乡村治理的主体责任，加强和完善村党组织对村级各类组织和各项工作的领导。要全面加强农村基层党组织和党员队伍建设，这是党在农村全部工作和战斗力的基础，任何时候、任何情况下都不可放松。要继承和发扬党联系群众的传统，把党在农村的阵地建到农民群众的心里，把政治优势转化为实际的效果。要大力组织开展党员联系群众活动，了解群众思想状况，帮助群众解决实际困难，进一步密切党员与群众的联系。

二、坚持农民在乡村治理中的主体地位

我国从过去的社会管理转向社会治理，一字之差，其治理的理念、思路、方法、手段完全不同，过去主要依靠政府进行单向管理，现在转向社会各方多元共治，推进共建共治共享。农民是乡村的主人，也应当是治理的主体，乡村治理的核心就是要突出农民群众的参与。当前，农村改革发展中"干部干、群众看"的现象比较突出，农民群众参与乡村治理的积极

性不够，参与的途径不多，各类社会组织、志愿者力量还比较弱，这是乡村治理面临的一个重大课题。一要尊重农民的主体地位，充分调动和发挥好广大群众的积极性、主动性，组织和引导农民群众广泛参与，让农民自己"说事、议事、主事"，做到村里的事情村民商量着办，形成民事民议、民事民办、民事民管的治理格局。二是尊重基层和农民的首创精神。40 多年农村改革的伟大实践，很多重大政策都是在总结农民创造的基础上再在全国确立和推开的。在符合中央精神、遵守国家法律法规、保障农民利益的前提下，要鼓励基层和农民群众大胆创新。

三、坚持顺应和把握乡村发展规律

我们要清醒地认识到我国是传统农业大国，我国的乡村经过数千年历史沉淀，有深厚的历史底蕴和文化传统，乡村治理要建立在这个基础上，不能以城市思维开展农村治理。乡村治理要补齐的，是农村的治理短板，并不是要消灭农村的生活模式、传统习俗乃至生存方式。此外，我们也要深刻认识到，当前我国农村正处在社会结构深刻变动、利益格局深刻调整、农民思想观念深刻变化的过程中，人们的利益关系更加复杂，对民主、法治、公平、正义、安全、环境等方面有了更高的要求，对获得感、幸福感、安全感有了更高的期待。同时，以互联网为代表的现代信息技术日新月异，深刻地改变着人们的生产生活方式，我国必须顺应历史发展变化的大趋势、大逻辑，深入分析乡村治理面临的新机遇、新挑战，正确处理历史与当今、传统与现代、老办法与现代技术手段的关系，准确把握前进方向、顺应历史发展规律，与时俱进地探索乡村治理的有效实现形式。

四、坚持自治、法治、德治相结合

健全自治、法治、德治相结合的乡村治理体系是党中央根据我国农村社会治理的基本制度安排和特点提出的，自治、法治、德治相结合是一个整体。要以自治增活力，鼓励把群众能够自己办的事交给群众，把社会组织能办的事交给社会组织，把市场能做的事交给市场，打造人人有责、人人尽责的基层社会治理共同体。要以法治强保障，更好地运用法治思维和法治方式谋划思路、构筑底线、定分止争，营造办事依法、遇事找法、解决问题用法、化解矛盾靠法的良好氛围。要以德治扬正气，强化道德教化，提升农民的道德素养，厚植乡村治理的道德底蕴，深入挖掘熟人社会中的道德力量，德、法、礼并用，通过制定村规民约、村民道德公约等自律规范，弘扬中华优秀传统文化，教育引导农民爱党爱国、向上向善、孝老爱亲、重义守信、勤俭持家，增强乡村发展的软实力。

五、坚持聚焦突出问题

乡村治理必须坚持问题导向、目标导向，重点围绕乡村治理中的难点、痛点、堵点问题，针对农民群众的操心事、烦心事，研究破解问题的办法。从一些地方成功的案例看，往往从问题突出的小切口切入，在有效解决这类"小问题"的同时，农村很多其他问题也迎刃而解。比如，针对农村小微权力监督问题，浙江宁海推行小微权力清单"36条"，安徽天长推行积分加清单制，这不但规范和约束了小微权力，而且改善了干群关系，推进了民主政治建设，增强了农民参与治理的积极性和主动性，推动了乡村治理总体水平提高。针对民意反映不充分、矛盾纠纷化解难的问题，浙江象山建立了"村民说事"制度，坚持把"村民说事"常态化、制度化，经过10多年的推行，从农民最初的说纠纷、说抱怨到现在的说发展、说建设、说理念，"村民说事"的内容不断革新，小小的"村民说事"成为乡村治理的主要抓手。

六、坚持治理重心下沉

当前，乡村公共服务和管理的整体水平仍然不高，服务内容和权利责任有待细化，服务方式和管理机制还不完善，成为乡村治理的突出短板。要推动治理重心向基层下移、干部力量向基层充实、财政投入向基层倾斜、治理资源向基层下沉，切实提高基层的治理能力。与此同时，还要探索三个方面的问题。一是建立县乡联动机制。从目前的法律规定和权能配置看，行业管理、资源配置、执法监督乃至人权、财权等更多地集中在县区级，而事权更多地放到了乡镇，对乡镇的赋权赋能不够，手段、条件、队伍较弱，造成农村许多事项"管得了的看不见，看得见的管不了"。要探索县直部门与乡镇（街道）的联动机制，增强乡镇统筹协调和治理能力。近几年北京推广"街道吹哨、部门报道"的做法，在现有区直部门、乡镇（街道）权能基本不变的情况下，通过加强联动，让属地管理的职责和部门职责有效衔接，提高了基层治理效能。二是规范村级组织工作事务。要充分考虑基层工作实际，清理整顿村级组织承担的行政事务多、各种检查评比事项多等问题，切实减轻村级组织负担，使其集中精力解决村内事务。三是持续推进"放管服"改革和"最多跑一次"改革向基层延伸，探索健全基层服务一体化平台，加强农村综合服务设施建设，为农民提供"一门式办理""一站式服务"，真正做到为农民多办事，让农民少跑腿。

七、坚持丰富村民议事协商形式

村民议事协商是村民自治的基本形式，也是化解农村社会矛盾、激发乡村发展内生活力的重要方式。村民议事的规则程序，在《中华人民共和国村民委员会组织法》中有明确详细的规定。但是，目前农村流动性大，召开村民会议或村民代表会议都很难。面对农村的现实情况，要探索创新民主协商的形式，一是要创新议事协商形式。在坚持村民会议、村民代表会议研究决定重大事项的同时，要因地制宜地创新议事协商的形式，让农民有更多的渠道表达自己的意见。二是要拓宽议事协商范围，现实生活中，农村的事务纷繁复杂，各种矛盾纠纷层出不穷，经济发展、资源利用、环境整治等方面都涉及农民切身利益，农民关注这些事项，也希望参与议事，更要求公开公平公正地处理好相关利益关系。所以要探索拓宽村民议事协商范围，让村民议事覆盖矛盾纠纷、经济决策、开展移风易俗、人居环境整治、维护公共秩序等方方面面，通过村民参与议事讨论、汇集智慧、达成共识，共建共治共享。三是要搭建多方主体参与的平台，现在农村社会结构变化很大，中西部走出去的多，东部外来人口多，新型农业经营主体、各类组织也发展很快，利益诉求、价值观念差异很大。处理好这些关系很重要。随着我国农村从封闭走向开放，需要为本地村民、外来居民、企业和社会组织等交流互动、议事协商、民主管理搭建平台。

八、坚持创新现代乡村治理手段

当今社会，以互联网、云计算、大数据和人工智能为代表的现代信息科技迅猛发展，深刻地改变了人们的思维方式、生产方式和生活方式，也给基层社会治理创新带来了无限空间和广阔前景。现代信息技术带来的共享理念和互联网思维正在重塑基层社会生态，正在有效地激活个体的主动性，增强社会多元主体的有机组合。我们要充分利用现代信息技术推进治理方式和治理手段的转变，探索建立"互联网+"治理模式，推进各部门信息资源的整合共享，提升乡村治理的智能化、信息化、精准化、高效化水平。目前，一些大公司建立了很好的平台，要注重支持引导和利用好社会资源。中国电信的"村村享"、腾讯的"为村"等系统，在全国一些地方推广运用，都展现出良好的效果。

第二章　安徽省乡村治理的总体解读

近年来，安徽省积极加强和改进乡村治理，大力实施抓党建促乡村振兴，全面开展党建引领乡村治理，着力构建党组织领导下的自治、法治、德治相结合的乡村治理体系，乡村治理体系逐步健全，移风易俗持续推进，乡村治理水平不断提高。但由于城镇化步调加快，乡村治理结构面临重组，中华传统乡风、道德文明受到多元利益主体不同诉求的冲击，引发了一些新的社会问题。与此同时，安徽省作为农业大省，破除城乡二元结构、推进城乡一体化发展的任务尤为艰巨。

第一节　安徽城镇化与乡村发展的基本情况

一、安徽省城镇化基本情况

"十三五"以来，安徽省坚持以人为核心的新型城镇化发展理念，着力增强农业转移人口进城落户能力，着力提升城镇吸引力和承载力，着力强化要素保障能力，城镇化水平显著提升，但各市间城镇化发展不均衡问题依然比较明显。2020 年和 2021 年安徽省各市常住人口和城镇化率情况见表 2－1 所列。

表 2－1　2020 年和 2021 年安徽省各市常住人口和城镇化率情况

单位：万人、%

地区	2021 年		2020 年		变化	
	常住人口	城镇化率	常住人口	城镇化率	增加	提高
合肥市	946.50	84.04	937.00	82.28	9.50	1.76
芜湖市	367.20	72.99	364.40	72.31	2.80	0.68

地区	2021 年		2020 年		变化	
	常住人口	城镇化率	常住人口	城镇化率	增加	提高
蚌埠市	331.70	56.90	329.60	55.08	2.10	1.82
淮南市	304.00	61.91	303.40	61.08	0.60	0.83
马鞍山市	215.70	72.39	216.00	71.69	-0.30	0.70
淮北市	197.40	64.78	197.00	64.16	0.40	0.62
铜陵市	130.60	66.33	131.20	66.17	-0.60	0.16
安庆市	417.10	56.17	416.50	55.52	0.60	0.65
黄山市	133.20	59.25	133.10	58.29	0.10	0.96
滁州市	399.00	62.92	398.70	61.84	0.30	1.08
阜阳市	817.10	42.74	820.00	41.97	-2.90	0.77
宿州市	532.50	45.03	532.40	43.76	0.10	1.27
六安市	440.50	49.46	439.40	48.49	1.10	0.97
亳州市	498.60	43.19	499.70	42.50	-1.10	0.69
池州市	133.10	60.09	134.30	59.68	-1.20	0.41
宣城市	248.70	61.75	250.00	60.82	-1.30	0.93

一是安徽省城镇化水平持续提高。2021 年全省常住人口中，居住在城镇的人口为 3630.5 万人，占 59.39%，居住在乡村的人口为 2482.5 万人，占 40.61%。与 2020 年相比，城镇人口增加 71 万人，乡村人口减少 61 万人，城镇人口比重上升 1.06 个百分点。长三角三省一市中，安徽省城镇化增速居第一位；在中部六省中，位居第二位，比湖北省低 0.14 个百分点；比全国平均增速高 0.23 个百分点，与全国的差距由上年的 5.56 个百分点缩小为 5.33 个百分点。16 个市中，城镇化率最高的为合肥 84.04%，最低的为阜阳 42.74%；城镇化率超过 70% 的，除合肥外，还有芜湖和马鞍山；在 60%~70% 的，分别是铜陵、淮北、滁州、淮南、宣城和池州。城镇化率不足 60% 的市由 2020 年的 8 个减少为 2021 年的 7 个，城镇化水平稳步提高。

二是安徽省各市城镇化发展不均衡。2021 年我省城镇化建设虽取得一定发展，但总体水平依然比全国平均水平低 5.33 个百分点。16 个市城镇化发展不均衡的问题依然存在，排名第一的合肥与排名最后的阜阳之间的城镇化差距由上年的 40.31 个百分点扩大为 41.3 个百分点。2021 年城镇化率排名前三的合肥、芜湖、马鞍山三市常住人口 1529.4 万人，占全省常住人口比重 25%，城镇化率在 70% 以上，对全省城镇化发展贡献率为 21.96%，拉动全省城镇化率提高 0.23 个百分点；排名靠后的阜阳、宿州、六安、亳州四市常住人口 2288.7 万人，占全省常住人口比重 37.4%，城镇化率在 50% 以下，四市对全省城镇化发展的贡献率为 16.85%，拉动全省提高 0.18 个百分点。各市间城镇化发展不均衡问题依然比较明显。

二、安徽省城乡融合发展基本情况

（一）农业转移人口市民化深入推进

安徽省近年来深化户籍制度改革，切实降低城市落户门槛，设立城市公共集体户口，在全省范围内开展户口一站式无证迁移工作，"十三五"期间累计 700 万农业转移人口落户城镇。通过开展农村资产确权登记、推进农村集体经济组织成员认定等工作，维护好已落户农业转移人口在农村的权益。例如，天长市以户为单位发放集体资产股权证书，成立股份经济合作社，统一分配经营性收益。同时，维护好未落户农业转移人口在城市的权益，着力解决随迁子女入学、社保转接、住房保障"三难题"。围绕随迁子女上学难题，认真实施以居住证为主要依据的农业转移人口随迁子女入学政策，随迁子女和城镇学生实现"一样就读、一样入学、一样免费"。围绕社会保险关系转移接续难题，在全省范围内建立制度名称、政策标准、经办服务、信息系统"四统一"的城乡居民养老保险制度，推进城乡居民异地就医直接结算。围绕住房难题，明确将在城镇稳定就业的农业转移人口纳入住房保障范围，实施惠农安居贷款，芜湖市等地允许农业转移人口缴存住房公积金。

（二）着力优化城镇化布局和完善城镇功能

围绕打造集聚人口的高质量空间、更好满足市民的各类需要，积极推进城市群、都市圈和中心城市建设，全面提升城市品质。结合实施长三角一体化发展、中部地区高质量发展等国家战略，积极参与长三角城市群、中原城市群建设，着力优化城镇化空间格局。通过构建分工合理、优势突出、特色鲜明的产业体系，进一步增强合肥、芜湖、安庆、阜阳、蚌埠、黄山等城市辐射带动能力。逐步转变城市发展方式，扎实开展新型城市建设。有序推进"城中村"、老旧小区改造，"十三五"累计改造各类棚户区135.81万套、老旧小区2870个，超过20%的城市建成区面积达到海绵城市建设要求。全省22个城市开工建设地下综合管廊建设项目，形成廊体规模193公里。合肥建成运营城市轨道交通4条、在建11条，总里程达343公里。加快推进"互联网+政务服务"、智慧城市公共信息平台和应用体系、数字城管平台建设，城市治理水平进一步提升。

（三）促进城乡资源有序流动和优化配置

围绕解决城乡要素割裂、难以有效流通的问题，着力推进要素市场化配置。畅通农村资产资本化通道，构建涵盖确权登记、利益补偿和规范流转的一揽子政策体系，促进农村承包地确权成果在土地经营权抵押等方面的应用。稳步推进金寨县农村宅基地改革试点，全县腾退复垦宅基地4.85万亩，探索复垦腾退建设用地指标在省内有偿使用，累计交易2.07万亩、每亩成交均价达43.62万元。深入开展合肥市推进农村集体经营性建设用地建设租赁住房试点，利用存量集体建设用地263.43亩，建设租赁住房3937套。宿州经济开发区实行城镇建设用地增加规模与吸纳农村人口进城定居规模相挂钩，有效解决了"人往哪里去、地往哪里转"等问题。积极探索基础设施特许经营、PPP模式等多元化城镇化投融资路径，"十三五"期间累计签约PPP项目334个、总投资3296亿元。

（四）城镇化进程中亟待解决的问题

一是城镇化发展格局有待进一步优化。合肥都市圈、皖北城镇群、皖江城市带一体化发展有待继续深化，城际协同发展机制尚待完善。中心城市辐射带动能力不足，中小城市、县城及小城镇发展相对缓慢。二是农业转移人口市民化有待进一步推进。对农村权益的眷恋、在城工作的不稳定以及所面临"住房难""子女上学难"等现实问题，导致农业转移人口落户城镇意愿不强。三是城镇功能有待进一步完善。和沪苏浙地区的城镇相比，城市产业支撑能力依然薄弱，产城融合仍然不足；城镇公共设施和公共服务水平不高，交通拥堵、停车难、城市内涝、热岛效应等"城市病"比较突出。四是城乡融合发展机制有待进一步健全。要素在城乡间流动还存在一些障碍，农村公共设施历史欠账仍然较多、短板依旧突出，现代农业产业体系尚不健全，农民增收长效机制有待完善。

第二节 安徽乡村类型划分与治理需求差异

2019 年 5 月中共中央国务院发布的《中共中央 国务院关于建立国土空间规划体系并监督实施的若干意见》标志着我国国土空间规划体系顶层设计的"四梁八柱"体系基本形成，其中村庄规划将是国土空间规划中基数最大、困难最多的一个。我国村庄发展条件不一，气候环境条件南北差异明显，经济发展水平东西部差距较大，而同为东部一个地级市下辖的行政村也会因为产业发展和人口规模不同而千差万别，甚至同一个行政村内自然村组或坊里的情况也不尽相同。目前在的村庄规划分为集体提升类村庄、城郊融合型村庄、特色保护类村庄和撤并搬迁型村庄四类。

一、集聚提升类村庄

这类村庄是目前基数最大，发展规模效应较突出的村庄，主要为中心村和发展聚集的村庄，是乡村振兴的重点。从调研情况来看，这类村庄一般位于镇区外围周边 3 公里以内地势平坦、自然灾害较少的区域，公共服务设施能够部分与镇区或其他城镇共享，人口规模大，聚集效应明显；或位于交通要道沿线，能够受到交通优势的带动；或村庄或更大区域的产业发展程度较高，形成一定的产业优势。

对这类村庄，要科学确定村庄发展方向，在原有规模基础上有序推进改造提升，激活产业、优化环境、提振人气、增添活力，保护保留乡村风貌，建设宜居宜业的美丽村庄。鼓励发挥自身比较优势，强化主导产业支撑，支持农业、工贸、休闲服务等专业化村庄发展。从产业、生态、人居环境等多方面实现村庄的振兴发展。

以淮北市濉溪县濉溪镇蒙村为例

蒙村行政村地处濉溪县城西北 5 公里，东邻杜庙村，南邻八里村，西邻刘桥镇，北邻渠沟镇。有 801 路公交车直达县城，交通便利。在濉溪镇党委、政府的部署下，蒙村紧扣《濉溪县域村庄布点规划（2019—2035年）》中关于濉溪镇"1+1"总体发展布局的发展定位，按照《安徽省濉溪县乡村振兴战略规划（2019—2022 年）》总体要求，蒙村着力打造集农业、生态、乡村观光旅游为一体，以"果蔬采摘+乡村旅游+特色庙会+孔雀观赏+文娱活动"为主题，实现经济与社会、人与自然统筹协调发展，推进蒙村建设特色鲜明、美丽休闲乡村。

近些年来，蒙村充分发挥近市靠县区的地理优势和现有农业资源产业优势，引导社会资本多渠道、多形式投向乡村建设重点项目，通过引业到村、引社到村、引技到村和带富到人的"三引一带"模式，促进基层党组织、特色产业链、农业经营链、群众富裕链的深度融合。此外，蒙村加大产业结构调整力度，发展现代农业，并依托丰富的自然风貌、生态、乡土文化等休闲旅游资源，重点打造"4+1"特色产业集群，把优质果蔬、苗圃、孔雀、金蟾养殖4个特色农业产业园与乡村休闲观光旅游相结合，推进产业向特色化、优质化发展。对农产品销售模式进行创新，利用短视频平台直播形式，拓宽农产品销售模式，通过直播"带货"这个网络平台，打开对外宣传的"绿色通道"，宣传特产，助力自己找到更精准的定位，开启"特色代言"新尝试，推动产业发展，助力乡村振兴，为农产品销售开辟新生机。

二、城郊融合型村庄

这类村庄处于城市近郊区或城市规划区内，部分为发展较好的镇区1公里内的村庄，这些村庄基本具备成为城市后花园的发展条件，能够完全共享城镇的公共设施和基础设施。近年来随着外来人口的增加和城市住房成本的提高，部分城市内工作者将这些村庄作为栖身之处的首选，也给这些村庄的基础设施、社会治理和环境卫生带来不小压力。现有资料显示，这类村庄在近十年发展迅速，村庄规模无序扩张成为急需解决的问题，同时消防、污水等基础设施问题亟待解决。这就要求在"双评价"中全面评估村庄的建设情况和耕地农田的占用情况，尤其是基本农田和生态区域的侵占，以历史数据为支撑为政府部门管理提供有效的证据，坚决落实"三线"的保护和清退非法占用，落实规划的管控功能。

这类村庄在规划中需结合城镇的发展需求配套村庄基础设施和公共服务设施的衔接，提升城市综合治理水平，尤其是城乡公交和有轨交通的引入更能够促进村庄的转型和发展；村庄建设和风貌方面的控制仍需按照村庄规划标准进行，严格限制二层以上的自建房和彩钢房，政府相关部门也需按照住宅产权登记信息落实检查管理工作。

以马鞍山市雨山区三联村为例

三联村位于安徽省马鞍山市雨山区佳山乡东部，地处城市的近郊，属于城郊融合型村庄。北接马向路和城市住宅区，南临阡山林场，西通马鞍山大学城、经济技术开发区方向，东连姚家寨农业生态园和向山镇镇区。三联村周边资源丰富，区位条件优越。村庄附近为市公安交警大队和公安射击训练场，市委党校也规划在此处；村庄周边学校众多，马鞍山中加双语学校、安徽工业大学、皖江工学院、马鞍山理工学校、马鞍山市汽修专科学院、安徽马鞍山技师学院等高校都位于村庄周围的大学城内。

三联村作为城郊融合型村庄，在村庄发展中具有便利的交通、优越的区位和丰富的资源禀赋。利用便捷的交通条件，增加与城市的互通交流；而优越的区位能够将村庄的多功能性放大，在满足城市功能需求的同时，也使三联村发挥出自身优势进而得到更好的发展；利用自身的土地资源优势，发展都市共享农业，既可为城市居民提供蔬菜、水果、蛋禽等绿色有机农产品，还可为其亲近自然、体验农业种植、休闲观光等提供场所。由此，也可衍生出乡村产业链条，发展乡村旅游、特色餐饮、民宿等相关服务业，增加村民收入，实现乡村产业的转型发展。

三联村地处城市近郊，它不仅承担着农业生产的职能，还可为附近的城市居民提供亲近自然、感受田园生活的空间场所。作为城郊融合型村庄，其村庄的建设和发展有别于普通村庄。在业态设计上，通过引入符合都市人群生活方式、生活节奏的业态，以适应都市人群的消费习惯，继而完成自身从普通型村庄向融合型村庄发展的转变。城郊融合型村庄在为城市提供和补充功能的同时，如何保留其自身乡村特色，维持两者之间的平衡，在具体的实践中是我们所需要着重思考的问题。

三、特色保护类村庄

特色保护类村庄是指历史文化名村、传统村落、少数民族特色村寨、特色景观旅游名村等自然历史文化特色资源丰富的村庄，是彰显和传承中华优秀传统文化的重要载体。根据现有调研情况来看，这些村庄特色突出，但随着近年来旅游业的兴起，部分村庄以发展为借口对环境造成的破坏不容忽视，商业化的运作使得许多村庄变成了人造景区，原住居民不堪骚扰搬离村庄等现象屡见报端。同时也有些保护类的村庄，生态环境和人文景观保护良好，但基础设施滞后、产业发展缓慢和自然环境恶劣等多种因素，导致年轻人搬离村庄使其成为留守村或空心村。

基于这类村庄的发展现状，治理时应注重统筹保护、发展和利用相结合的互动关系，在保持村庄特点和完整性的同时注重村庄脉络的延续和真实性。将保护放在第一位，切实保护村庄的传统选址、格局、风貌以及自然和田园景观等整体空间形态与环境，全面保护文物古迹、历史建筑、传统民居等传统建筑。对于居住条件改善的需求，可融合新材料的使用解决人居环境问题。

以黄山市黄山区耿城镇沟村为例

耿城镇沟村，位于黄山北大门，与黄山风景区毗邻，是一个生态环境优美、文化底蕴深厚的千年古村落，村内徽派古建筑、古民居、古树、古桥、古井等依然如故，绽放着古朴的气息；金珠源神秘大峡谷、幽篁里、万亩竹海汇聚成丰富的生态资源。沟村的美丽乡村建设主要是依托优美的生态环境和丰富的长寿文化，按照"产业兴旺、生态宜居、乡风文明、治理有效、生活富裕"的总要求，实现"有秩序、有颜值、有乡愁、有产业、有活力"的"五有目标"，努力打造"看得见青山、望得见绿水、记得住乡愁"的黄山脚下"长寿村"。

沟村积极探索乡村治理新模式，以"村规民约"为切入点，在基层党员的带领下，通过图片上墙、向村民发放村规民约"三字经"及"家规训风"等形式，讲明白，易理解，教育引导群众积极主动参与乡风文明和美丽乡村建设。在全村营造尊老爱幼、邻里和睦、诚信友善的良好社会氛围，力争做到家喻户晓，人人皆知，互相监督，共同遵守。为使村规民约能够落到实处、深入人心，沟村还开展最美家庭等各类先进典型评选活动，通过评选出"好夫妻""美丽庭院""星级文明户"等先进典型，发挥典型引导示范作用，带动党员群众遵纪守法。

在弘扬传承孝善文化上，沟村开展"寿星""孝星"评选表彰，以"孝善文化"根治村里存在的"赡养扯皮""遗产纠纷""厚葬薄养"问题，擦亮了"沟村长寿村"的金字招牌，将村规民约从墙壁上、手册中搬到村民日常生活中，提升百姓的幸福感、自豪感。同时，注重保护传统村落原始风貌和生态肌理，通过溯源"长寿村"美誉，挖掘"孝、善、和"

等美德基因，修缮"百岁坊"和"百岁井"等历史遗址，新建百岁门、百岁亭、百岁广场、百岁长廊等精致景观，将长寿文化的"德""孝""善""和"融入乡村治理中。修缮知还山庄古民居，并以此为载体建成沟村村史馆，有力地展示了沟村的千年人文历史，展现村民蓬勃向上的精神风貌，也成为教化村民尤其是青少年的主要阵地。

四、撤并搬迁型村庄

撤并搬迁型村庄主要是居住分散且自然环境恶劣、自然灾害频发的村庄。这类村庄人口流失严重，基础设施建设成本高，经过评估不适合居住的村庄可转移迁建至中心村，或通过"增减挂钩"和"生态移民"等政策扶持向镇区或城市转移安置。这类村庄在中西部山区河谷地带较多，尤其是西部地区由于基础设施条件差，再加上村民居住分散更增加了基础设施建设成本，村庄产业规模小，因此靠天吃饭是村民收入的主要来源。近年来，这类村庄的人口流失远大于其他类型的村庄，经过评估发现这类村庄只有实施异地搬迁，才实现了脱贫致富。

国家出台一系列政策规划，对于撤并搬迁型村庄的扶持政策也得到进一步完善，如要求拟撤并搬迁的村庄，严格限制新建、扩建活动，统筹考虑拟迁入或新建村庄的基础设施和公共服务设施建设。坚持村庄撤并搬迁与新型城镇化、农业现代化相结合，依托适宜区域进行安置，避免新建孤立的村落式移民社区。搬迁撤并后的村庄原址，因地制宜复垦或还绿，增加乡村生产生态空间。

以淮南市寿县安丰塘镇申桥村为例

寿县，别称寿州、寿春，位于安徽省中部，淮河南岸，八公山南麓。东邻长丰县，北与淮南市区、凤台县毗邻，西靠霍邱县，南与六安市、肥西县相连。寿县是安徽省第一批入选国家级历史文化名城的三个城市之一，历史上4次为都，10次为郡。它是楚文化的故乡，中国豆腐的发祥地，淝水之战的古战场，素有"地下博物馆"之称。

为促进安徽省乡村振兴战略深入实施，按照2020年安徽省自然资源厅印发的《关于开展村庄规划试点工作的通知》的要求，寿县根据申桥村的实际情况，规划申桥村为撤并搬迁型村庄。根据现有的产业发展情况和区位交通条件，以现代农业为发展方向，以农产品加工物流、乡村旅游为突破口，寿县力图打造一二三产业融合发展的宜产宜居型美丽乡村。基于此，未来申桥村总体发展定位为畜牧水产品养殖发展区。

第三节　安徽乡村治理现代化质量评价研究

乡村治理现代化既是国家治理现代化的一个重要组成部分，也是乡村振兴的重要环节。2018年9月，中共中央国务院印发《国家乡村振兴战略规划（2018—2022年）》，在乡村的产业、生态、文化、人才和组织等多个方面都提及了现代化治理。本书借鉴乡村振兴战略的"20字方针"，从产业兴旺、生态宜居、乡风文明、治理有效、生活富裕等五个维度，采用熵权法对其中各项指标进行计算，以此来构建安徽省乡村治理现代化质量评价指标体系及其权重，见表2-2所列。表中数据摘自《安徽省统计年鉴》及其各市的统计年鉴，其中部分指标数据由原始数据加工得出。由于各项指标的单位和数量级皆不同，无法直接分析，因此本节对数据进行了无量纲化处理。

表2-2　安徽省乡村治理现代化质量评价指标体系及其权重

准则层	一级指标	二级指标	单位	方向	权重
产业兴旺	农业生产条件	人均耕地面积	公顷/人	正	0.046
		农村有效灌溉面积	千公顷	正	0.049
		农业机械化程度	万千瓦	正	0.057
	农业生产效率	人均粮食产量	吨/人	正	0.038
		第一产业产值占总产值的比重	%	正	0.034
生态宜居	生态环境	绿化覆盖率	%	正	0.071
		污水处理率	%	正	0.029
		每公顷化肥使用量	吨/公顷	逆	0.017
		生活垃圾处理率	%	正	0.005
	生活环境	自来水普及率	%	正	0.039
		人均公厕数	座/万人	正	0.054
		人均道路面积	平方米	正	0.059
乡风文明	文化教育建设	农民教育娱乐文化支出占比	%	正	0.017
		每个教师负担的中学生数量	人	逆	0.025
	公共文化发展	人均公共图书馆图书藏量	书/人	正	0.071

准则层	一级指标	二级指标	单位	方向	权重
治理有效	发展均衡程度	城乡居民收入比	/	逆	0.059
		城乡居民生活差距	/	逆	0.018
	地方治理效率	支农支出占公共预算支出比重	%	正	0.045
生活富裕	农民收入水平	农民人均收入	元	正	0.088
		人均收入增长率	/	正	0.035
		农村家庭的恩格尔系数	/	逆	0.046
	农民生活质量	人均住房面积	平方米/人	正	0.059
		农村每百户汽车拥有量	辆	正	0.037

通过对各项指标数据进行预处理，再运用熵权法计算得出各项指标权重，具体数据见表2-2所列。从表中数据可以分析出，指标权重最高的前5项分别是：农民人均收入（0.088）、人均公共图书馆图书藏量（0.071）、绿化覆盖率（0.071）、城乡居民收入比（0.059）和人均住房面积（0.059）。其中，城乡居民收入比指标属于治理有效维度，说明治理有效是乡村治理现代化中一个重要的体现。农民人均收入和人均住房面积指标都属于生活富裕维度，也反映出提升农民收入水平和农民生活质量在实现乡村治理现代化中的地位。最后，利用熵权TOPSIS计算得到安徽省各市乡村治理现代化质量得分，各市各维度得分及排名汇总情况见表2-3所列。

表2-3　2020年安徽省各市各维度得分及排名汇总情况

城市	产业兴旺		生态宜居		乡风文明		治理有效		生活富裕	
	得分	排名	得分	排名	得分	排名	得分	排名	得分	排名
合肥市	10.03	8	11.45	9	5.28	5	4.92	9	13.35	3
淮北市	8.44	9	13.51	6	3.02	11	2.33	15	9.07	9
亳州市	20.46	1	9.09	12	0.43	16	5.62	5	6.71	13
宿州市	16.09	3	5.12	16	2.85	13	3.99	12	4.88	15
蚌埠市	12.10	7	12.98	7	4.88	7	5.05	8	9.13	7
阜阳市	12.79	6	8.12	14	1.40	15	3.51	13	6.68	14
淮南市	13.19	5	11.01	10	2.89	12	5.52	6	4.69	16

城市	产业兴旺		生态宜居		乡风文明		治理有效		生活富裕	
	得分	排名	得分	排名	得分	排名	得分	排名	得分	排名
滁州市	19.16	2	8.38	13	3.47	10	4.39	10	7.50	11
六安市	14.55	4	11.47	8	2.72	14	5.79	4	8.54	10
马鞍山市	4.97	13	18.01	2	7.38	1	4.37	11	13.95	1
芜湖市	5.33	12	16.66	3	7.22	2	8.17	1	12.10	4
宣城市	6.70	11	10.61	11	4.91	6	6.30	2	9.75	5
铜陵市	2.36	15	19.55	1	4.33	8	1.48	16	9.16	6
池州市	4.25	14	15.82	5	3.94	9	6.12	3	9.12	8
安庆市	7.21	10	7.92	15	5.59	4	3.47	14	7.42	12
黄山市	1.98	16	16.19	4	5.84	3	5.52	7	13.58	2

从产业兴旺方面来看，前3名是亳州市、滁州市、宿州市，这些地方乡村产业与农业产业关联度较高，农业生产资源情况与生产技术水平较高，农业机械化程度高，农业产业占当地GDP比重比较大。比如亳州市为充分发挥亳州粮食、中药材和蔬菜等特色产业优势，开展农机制造产业培育行动，通过培育和招引农机装备项目，发展适合平原地区粮食生产、中药材加工、蔬菜采收等适用农机装备，大大提高了当地的农业生产技术水平。排名后3位的是池州市、铜陵市和黄山市，说明由于城市化和各类非农产业的发展以及政府相关政策向第二、三产业的倾斜，农村剩余劳动力逐渐向非农产业转移，耕地面积减少，工业用地增加。比如，铜陵市作为资源型城市，发展文化产业尤其是有特色的铜文化产业，是创新城市发展动力内核、实现资源型城市转型的重要途径。黄山市部分县区的经济发展较为倚重旅游产业，不断丰富"旅游+"内涵和外延，开拓文旅农体融合发展路径，力促乡村振兴。

从生态宜居方面来看，前3名是铜陵市、马鞍山市和芜湖市。相比于其他城市，这三个城市绿色覆盖率高、污水处理率高，注重公共卫生管理，人均公厕数量高于其他城市。垃圾、污水、卫生死角等环境问题是城市绿色发展中的难题。近年来，这些城市紧紧围绕生态环境建设，着力解决影响人民群众生产生活的环境问题，全面构建环保"统一战线"，环境质量总体趋于改善。比如铜陵以矿立市，以企带镇，依托丰富的矿产资源走上快速发展之路。但长期的矿山开采和偏重的工业经济结构，影响了铜陵生态系统，以及城乡发展环境和人居环境。近年来，铜陵市紧紧围绕现代林业示范市建设，用绿化提升促进生态古铜都城市创建，在抓节能减排的同时，另一手重点抓生态环境的修复，不断推动城市绿化发展建设同步提升。马鞍山市把农村人居环境整治作为全面建成小康社会补短板的重要内容和实施乡村振兴战略的第一场硬仗，坚持以"百村示范、千村整治"为总抓手，进行厕所革命、垃圾污水规范化处理等，着力改善农村面貌。反观部分地区，在乡村治理过程中，人居生活环境和乡村生态环境有待进一步改善。

从乡风文明方面来看，前3名是马鞍山市、芜湖市和黄山市。这三个城市在乡村治理过程中加强了公共文化方面的建设，农民教育娱乐文化支出占比高，人均公共图书馆藏书量较大。近年来，这些城市持续加快推进移风易俗，加大公共文化供给，培育文明乡风、良好家风、淳朴民风，推进文化振兴，真正让乡村"活"起来，让百姓"富"起来。比如，马鞍山市依托新时代文明实践"百姓剧场"，组织策划大型惠民文化演出；开展"红色小板凳"文明实践志愿服务项目，以"理论+文艺"小分队为形式，深入群众中间去宣讲党的理论、表演文艺节目，文明新风吹遍田野村庄。黄山市加大群众文化设施建设，完善文化服务功能，先后建成11个公共图书馆、8个文化馆、5个美术馆、12个国有博物馆和101个乡镇综合文化站，有34家县级以上公共文化场馆已全部上线"安徽文化云"微信小程序，可以看出黄山市政府对公共文化建设的重视。

从治理有效方面来看，前3名是芜湖市、宣城市和池州市。城乡居民收入比是衡量城乡居民收入差距的一个重要指标，也是衡量城乡经济协调发展的重要尺度。排名靠前反映了这3个地方的居民收入和消费差距相对较小，农民人均收入较高，城乡区域间经济相对协调发展。数据显示，党的十八大以来，芜湖城乡居民收入差距逐步缩小。2012—2021年芜湖城乡居民收入比1.97∶1缩小为1.79∶1，远远低于同期全省和全国平均水平，作为打通城乡要素流动的制度性通道，新型城镇化对城乡融合缩小差距起重要推动作用。芜湖市常住人口城镇化率从2012年的58%，到2021年的73%，十年间提升15个百分点，进一步促进了城乡融合发展。为发挥央行资金定向支持作用，宣城市人行每年从支农再贷款限额中拿出一定比例，用于定向支持农业龙头企业、家庭农场、农民专业合作社等新型农业经营主体。通过支农再贷款与银行业金融机构信贷产品对接，定向支持家庭农场等新型农业经营主体。2021年7月末，宣城市支农再贷款余额12.5亿元，同比增长148.6%。其中，2022年上半年以来发放7.27亿元，支持了1358户新型农业经营主体的发展。

从生活富裕方面来看，前3名是马鞍山市、黄山市和合肥市。这三个城市人均收入增长率保持在8%左右，马鞍山市和合肥市农民人均收入超过了2400元/年。从农村家庭的恩格尔系数来看，根据联合国恩格尔系数的划分标准，安徽省16个城市基本已经达到了相对富裕的水平。2021年，马鞍山市城乡居民人均可支配收入稳居全省第一，接力实施33项民生工程和44件民生实事，全面小康指数排在全国第49位，全市1.4万户建档立卡贫困户全部稳定脱贫、28个贫困村全部出列，脱贫攻坚胜利收官。农村每百户汽车拥有量上，这三个城市拥有量较多，马鞍山市最多，有30.1辆，黄山市24.9辆，合肥市23.11辆。排在后3位的是安庆市、淮北市和铜陵市，这三个城市虽然农民人均收入在1550元/年左右，但人均收入增长率在8.3%左右，淮北市农村每百户汽车拥有量在9辆左右，农民的生活环境和生活条件有待进一步改善。

基于上述分析，笔者给出一些方面的建议。针对产业兴旺，各地区应依托自身的资源禀赋，因地制宜地发展农业，提高农业产业化程度；加大农业科技投入，助力农业现代化转型。针对生态宜居，在关注生态环境的同时，需要聚焦对乡村生活环境的治理，补齐公共设施、公共卫生等短板，全面改善农民的生活环境；在推进农业绿色发展的同时，构建生态产品产业链等以实现乡村资源利用效益最大化。农业生产过程中着力推广清洁节能技术，从源头解决污染问题。针对乡风文明，各地区应加大农村基础教育投入，提高农村教学水平，降低农村文盲率并培养更多人才；加快公共文化服务产业建设，潜移默化地提高农村人口素质。针对治理有效，在乡村基层治理过程中应提高信息的透明度，让更多村民参与自治。注重治理的效率和质量，不能只有"治理"而无"有效"。针对生活富裕，在保证增加农民收入、缩小与城市之间差距的同时，应加快补齐住房、医疗等民生方面的短板，满足农村人口日益增长的美好生活需要。

第四节 安徽乡村治理发展的理想愿景

建设美丽乡村是民心所向、众望所归的实事，是功在当代、利在千秋的好事。基于此，安徽省要努力提升乡村治理现代化水平，当然乡村治理现代化不可能一蹴而就，需要多管齐下、稳步推进。

一、加强农村基层组织建设，提升基层党组织的战斗力

安徽省要强化农村基层党组织的"两个维护""四个意识"，净化乡村政治生态，大力推进农村基层党组织标准化建设，提升其对乡村经济发展、文明进步、生态和谐的掌控力和推动力。应优先提拔扎根农村、与农民感情深厚，熟悉农业规律、乡镇规划、产业培育的乡村干部，切实选配好乡镇党委书记队伍。加强乡村党建工作考核，力求在加强党的政治、制度建设中提升基层党组织的政治与制度定力。比如黄山市沟村以村党组织为领导核心，完善"一约四会"机制，发挥村民议事会、道德评议会、红白喜事理事会、禁赌禁毒会的作用，为村民自觉参与乡村治理搭建广阔的平台，充分发挥了基层党组织的组织力和战斗力。

二、抓好农村精神文明建设，构建乡村新文化文明体系

由乡情、乡音、乡风、乡贤等构成的中国乡土文化，是中华优秀传统文化的重要组成部分。一方面，应深挖乡风文明的历史内涵和时代价值，保护、活化、利用海量的安徽农耕文化资源，大力推进信息化技术与乡村戏曲、皮影戏、民歌汇、特色节庆等的融合，以传统文化方式推进乡村文化振兴与文明建设；另一方面，要大力倡导现代文明理念与生活方式，让社会主义新风尚充盈滋润每一个乡村、家庭。要结合农村实际，推广城市社区治理好经验、好做法，探索基层治理的城乡融合新模式。

三、完善"三治融合"治理体系，激发乡村治理内生动力

安徽省要强化"自治"建设，激发乡村治理"内生动力"。发动乡贤、返乡创业企业家参与乡村治理，打造乡村自治平台，推进乡村道路等公共设施的建设与维护，孵化培育公益服务品牌，推进基层社会治理创新。要

强化"法治"建设，确保治理"公平正义"。使办事依法、遇事找法、解决问题用法、化解矛盾靠法成为农民生产、生活的一种基本取向；总结安徽率先行政程序立法的经验，进一步加强和推进地方立法；构建"互联网+社会治理"模式，实现即查即改，夯实常态化管理。要强化"德治"建设，注重"德化育人"。通过典型示范、榜样引领、广泛开展志愿服务，加大乡村治理的宣传力度，调动群众参与热情；制定乡规村约、文明规范，教育引导村民勤劳俭朴、爱亲孝老、积极向上，培育健康文明的生活方式。应根据乡村"自治"抓手更多、城市"法治"基础更好、农村和城市"德治"各有所长的特点，加强城乡"三治融合"的互动，推进乡村振兴和城乡一体化发展。

四、打击乡村黑恶势力，维护农村社会平安稳定

乡村黑恶势力依托封建残余思想，打着宗族旗号横行乡里，破坏文明与安定，堪称乡村"毒瘤"。在农村开展扫黑除恶，是实现乡村有效治理的必然要求，要运用好专业化法治力量，构建联合指挥体系，形成协同作战、专业监测、分类打击的工作格局；运用好全社会力量，通盘考虑法、理、情，做到社会效果、政治效果、法律效果相统一。要将扫黑除恶专项斗争与基层组织建设同步推进，充分发挥基层党组织的战斗堡垒作用。要依靠群众提供问题线索、检举揭发黑恶行为、监督打击过程，打一场扫黑除恶的"人民战争"。要深查黑恶势力的背后人物，揪出站台撑腰、压案不查、通风报信、阻挠查处等形形色色的"保护伞"，并且深挖碰硬、细查触底、打"伞"破"网"，彻底清除农村黑恶势力组织及其行为。

第二篇　党的建设引领乡村治理

乡村治理是牵涉农村政治、经济、文化、生态等方方面面的系统工程。办好农村的事情,实现乡村振兴,关键在党。推动乡村治理体系和治理能力现代化,离不开党的坚强领导,离不开基层组织建设。实现乡村有效治理,夯实乡村振兴基层基础,让农村社会既充满活力又和谐有序,必须充分发挥党建对乡村治理的引领作用。

第三章 阜阳市光武镇黄寨村

第一节 村情概况

安徽省阜阳市界首市光武镇黄寨村是原界首市小黄乡所在地，因坐落在村内安徽沙河酒业八百亩酿酒基地和供奉东岳大帝黄飞虎的黄家庙而远近闻名。黄寨村是一个有工业历史基础，有神话传说故事，有丰富自然资源的古村落。黄寨村村域面积 6750 亩，耕地面积 3319.5 亩。全村现有 1448 户，5212 人。村党总支下设 3 个党支部，8 个党小组，党员 132 名。20 世纪 90 年代初期，黄寨村是界首市首批小康村，生活富足，产业发达，但随着沙河酒的没落，黄寨村沦为贫困村。但近年来，安徽省界首市光武镇黄寨村驻村工作队，在基层党建和脱贫攻坚、美丽乡村建设等工作中，不断探索、勇于创新、积极实践，帮助贫困村实现了村党组织由散到聚，村集体经济从无到有，群众生活由贫到富，村容村貌由差到美，乡风文明由乱到治，贫困村高标准超越验收标准成功出列，蜕变成了产业强、农村美、农民富的美丽乡村示范村。

第二节 案例分析

打造一支永远不走的工作队 擦亮乡村自治品牌

"要吃粮去小黄，黄河淤地肥又壮；想喝酒去小黄，滴滴难舍粮食香。"历史上的小黄乡所在地，多年来以沙河 800 亩酿酒基地、供奉东岳大帝黄飞虎的黄家庙闻名于市内外。过去的小黄村，繁荣的景象还历历在目。它是界首市白酒工业的根基，是远近闻名的小康村，有香火鼎盛的热闹庙会。1998年黄寨村集体经济收入仅靠纸箱厂、小酒厂就达到80多万元。但是后来由于沙河酒的没落，黄寨村却成了光武镇四个贫困村之一，集体经济收入从近百万元到零收入，基础建设落后、基层组织软弱涣散、村风民风亟待改善、贫困群众致富无门，各项事业发展停滞不前。

脱贫攻坚工作开展以来，作为2017年贫困出列村和省级美丽乡村建设示范点，黄寨迎来再次发展的良好机遇，驻村工作队积极协调各级党委、政府和帮扶单位界首市政府办公室、农行界首支行和爱心企业，"认真谋划说了算，精细实施定了干"。经过近三年的重点帮扶，在驻村工作队指导下，黄寨村大力推进"基层党组织标准化建设+乡村自治"品牌打造，该村基层党组织标准化建设逐步走上正轨，村民自治成效显著，村容村貌发生巨大改观，为民服务的水平不断上升，各项事业也取得了很大进步。

一、选好领头雁　用好领路人

村书记是村两委的领头雁，基层党组织更是全体村民的领路人。帮钱、帮物，还要帮个好支部，结对共建单位市政办积极协调光武镇党委，靠前指挥驻村工作队，通过发展、培养、选拔，帮助黄寨村选好一只领头雁、用好一群领路人。"一只领头雁"，那就是村书记，近年来界首市扎实开展驻村扶贫和结对共建工作，认真落实"六个精准"和坚持"三个倾斜"（向基层一线倾斜、向攻坚克难倾斜、向突出贡献倾斜）用人导向，从严选好干部、用好干部、管好干部，抓好班子，带好队伍。选好"领头雁"，配强"当家人"，特别是精心选派驻村工作队长、村第一书记，并通过两委换届选举选准用好村书记，切实发挥了选好一人、带动一方的领头雁作用。"一群领路人"，那就是两委班子、驻村工作队、扶贫计生专干、各自然村小组长全体成员。结合两委换届选举谋划工作，大力整顿软弱涣散党组织，不适合岗位就换岗位，不换思想就换人，违纪违法立即处理，强化学习增强纪律意识和为民服务意识。通过有效的工作，彻底解决了两委班子老龄化、族长化、知识老化的普遍问题，村两委作风明显改进，办事效率明显提高，群众满意度明显提高。

二、激发一群人　依靠一村人

在强化基层自治工作中，黄寨村注重乡村自治向群众延伸，激发一群人，依靠一村人。"一群人"，那就是关心支持黄寨村脱贫攻坚、发展振兴的人。近年来黄寨村通过把老干部，老信访户，德高望重、热心公益事业的干部群众吸纳到乡贤理事会中，在美丽乡村和各项工作中发挥了自治、德治的巨大作用；返乡务工创业的新型职业农民、企业家在规模农业、服装加工业、养殖业等产业发展中发挥了带头致富的巨大作用；爱心企业志愿团队、留守儿童志愿者在脱贫攻坚、关爱留守儿童、关爱孤寡老人等活动中发挥了爱心感化的巨大作用；黄寨村广泛设立公益岗位近百个，防火员、保洁员、护绿护路员、巡防队员等公益岗位的设立，打破了贫困户"坐在墙根晒太阳、等着政府发救济"的懒惰依赖思想，激发了贫困户的内生动力，开展"党带群建、十户联治"选取了 77 名户长，大大拓展黄寨村村民自治的中坚力量，使工作的触手延伸到了每个巷道每户农家，他们在宣传发动、安全保障、保绿保洁、疫情防控等方面发挥了巨大的作用。

"一村人"，就是全体黄寨村民。从群众中来，到群众中去，基层党组织干事创业的成绩要放到百姓中去检验，基层党组织发展的智慧要到群众中去找寻。通过深入开展"进访惠聚"大走访活动，不断举办农民夜校、党员群众座谈会，提高与群众的见面率，畅通民生民情民意的沟通渠道，建立问题收集梳理整改台账，一些亟待解决和久而未决的问题被及时整改，获得了群众极大的信任。黄寨村的群众怀着极大的热情支持和回应村里的工作，土地流转、道路加宽、拆违拆旧、绿化亮化，涉及广大群众利益的地方群众毫不吝啬，但凡有一点点变化，群众都竖起大拇指称赞，积极主动建言献策。有了这些鼓励和支持，黄寨村一班人干起工作来有劲，推动工作有力，能够放开手脚大干快上。

三、抓牢制度建设 打造铁军队伍

黄寨村牢牢抓住制度建设这个"牛鼻子"，完善了学习制度、考勤制度、财务制度、定点对接上级部门等 6 项规章制度。同时，结合工作实际，研究制定了村干部工作考核办法，兑现奖惩，拉开档次，区别对待，有效激发干部工作激情，解决了"干与不干一个样，干好干坏一个样"的问题，形成了有效的管理模式，促进工作开展落实。建立各项工作分组指导制度，责任划片包干，任务明白清晰，责任追究明晰。

为不断夯实基层党组织基础，黄寨村也着力锻造了一支人强心齐制度硬的铁队伍。该村积极开展"两委"班子、计生扶贫民政专干业务培训，开展作风建设年，不断提高一次部署完成率，以不教一人闲职、不教一日虚度的严管态度，全力提升村两委干部工作作风和务实能力。坚持问题导向、系统思维、一线工作法，积极开展大走访、大排查、回头看、问题整改等活动，走访群众2400多人次，征求意见建议130多条，梳理问题60多个，办实事11件。继续坚持"党员干部走在前，一切工作都不难"，说了算、定了干，领着大家干、干给大家看的榜样作风，在各级各类问题整改、上级暗访督查、第三方评估等工作中，不折不扣地完成了上级布置的各项任务。切实打造了一支干事创业敢担当、风险问题冲在前、解决问题不含糊的铁军队伍。

四、擦亮自治品牌　践行"石磨"精神

黄寨村党总支大力开展"党建+乡村自治""党建带妇建""党建带群建，十户联治"等特色品牌创建活动，各工作领域不断打造黄寨试点、黄寨亮点、黄寨经验、黄寨品牌、黄寨精神。探索村级法治、德治、自治综合治理模式。通过形式多样开展活动、旗帜鲜明树立标杆、注重宣传打造品牌等方式，积极开展"五会"活动，不断组织种养产业培训、健康知识培训、党的十九大、党的十九届四中全会精神宣讲、界首夜话、趣味运动会、留守儿童书法国学班、亲子互动游戏等活动30多场次；通过好媳妇、好婆婆、优秀学子、新乡贤、最美庭院、最美脱贫户等评选20多次，评选模范代表60多人，全市优秀共产党员、最美脱贫户、全省好媳妇、全军优秀士兵等先进典型不断涌现；组建妇女志愿者团队、健身队、舞蹈队、少年篮球队、戏迷协会、健步行团队、冬防冬治巡逻队等组织10多个，各项乡村自治活动开展得有声有色，群众参与热情高涨，群众的精神面貌不断被改善。

在长期的实践摸索中，黄寨村还总结提炼出了黄寨村基层党建、脱贫攻坚的大石磨精神，那就是："扎根泥土、深入基层的战斗堡垒精神；上下同欲、勠力同心的团结协作精神；自己动手、丰衣足食的艰苦奋斗精神；精磨细研、砥砺奋进的学以致用精神；磨形炼性、克难攻坚的苦干实干精神；不忘初心、坚如磐石的奋发图强精神。"这种精神，是黄寨村驻

村工作队同黄寨人一道在基层工作中长期实践的结果，也必将影响和指导这个名不见经传的千年古村落不断向着产业兴旺、生态宜居、乡风文明、治理有效、生活富裕的乡村振兴之路阔步前行。

第三节　案例总结

回顾黄寨村这个小村庄在改革开放 40 多年中不断起伏的发展历程，我们不难发现：帮钱帮物，不如帮建个好支部。黄寨村在一支强有力的基层干部队伍的领导下，创建了自己的乡村自治品牌，成功出列贫困村，蜕变成如今的美丽乡村示范村，可见基层党建是改进乡村治理的关键所在，乡村治理中要充分发挥基层党组织的领导核心作用，不断增强群众的自主发展能力，推动乡村社会走向善治。在当前基层党组织标准化建设、美丽乡村建设等工作开展得如火如荼的阶段，帮助基层打造一支强有力的干部队伍，磨炼一种坚如磐石的党建精神，激发村民自治的巨大动能，是引领乡村振兴的必由之路。

第四章 淮南市丁集镇炮楼村

第一节 村情概况

丁集镇炮楼村位于丁集镇西南角，西邻顾桥矿，南邻桂集镇，东与郭徐村、张巷村相邻，村域面积 17946 亩，耕地面积 2644 亩。全村共 810 户，总人口 2729 人，其中中心村 260 户，620 人。现有村两委班子 6 人，其中支委 3 人，下设 4 个党小组，60 名党员，村委会 3 人。炮楼村充分发挥基层党组织在乡村治理中的引领作用，通过乡村治理示范村的创建，不断建立健全该村的自治、德治、法治体系，村级社会服务更加完善、社会关系更加协调、社会秩序更加规范，社会风尚更加文明、社会大局更加稳定。如今的炮楼，天蓝、水清、花团锦簇、绿树成荫，白墙黛瓦、亭台楼阁，构成了一幅美丽的乡村画卷。先后获得淮南市"美丽家园，从家开始"示范村、淮南市民主法治示范村（社区）、无传销社区（村）、无邪教村（社区）、先进基层党组织等荣誉称号。

第二节 案例分析

夯实基层党组织战斗堡垒 锻造一流美丽宜居示范村

近年来，该村党支部不断夯实基层党组织战斗堡垒作用，奋力而为，真抓实干，组织带领党员群众积极探索乡村治理新路径。按照法治化、民主化、科学化的原则，炮楼村通过乡村治理示范村的创建，逐步建立了以规立德、以文养德、以评树德的德治体系，强化依法行政、公正司法、全民守法的法治体系，完善基层民主、群众参与、社会协同的自治体系，乡村治理成效逐步凸显。

一、筑牢坚强堡垒，夯实治理基础

炮楼村支部委员会现共有党员71人，下辖三个党小组。近年来，村支部不断加强党的基层组织建设，真正做到基层党组织健全完善、坚强有力，保持党员先进性教育活动"横向到边、纵向到底，全面覆盖、不留空白"，覆盖到村所有党组织和全体党员。炮楼村定期召开民主生活会，广泛开展"为劳动者送清凉""瞻仰革命烈士""党员先锋岗"等党员先进性教育活动，进一步加强党员理想信念、宗旨意识、作风建设、学习能力等方面的素质，增强广大党员的发展和创新意识，提高他们"带头富、带领富"的本领，把党组织的战斗堡垒和党员的先锋模范作用展现在各行各业、各个岗位上。

二、规范自治组织，保障治理长效

炮楼村在创建工作中，通过发放宣传单页、绘画文化墙等形式，大力宣传村规民约，并先后成立"道德评议会""红白理事会"等农村自治组织，进一步巩固基层民主自治。同时健全完善基层民主选举、民主决策、民主管理、民主监督等自治制度，保障群众的知情权、参与权、表达权、监督权，增强群众参与服务的主体意识。明确基层自治组织协助政府工作事项，按照"权随责走、费随事转"的原则，承接政府职能转移，实现政府行政管理与基层自治组织的衔接互动，提升基层自治组织自我管理与服务能力。村支部委员会深入开展群众路线教育，探索建立群众参政议政平台，广泛吸收社会各界代表特别是人民群众的意见建议，凝聚各方共识，提高基层社会治理的科学性和民主性。健全社情民意收集网络，加强分析研究，完善解决反馈机制，通过发挥人民群众的自主作用和能动作用，妥善处理社会矛盾、维护社会稳定，努力把炮楼村建设成为政府公共服务的平台、居民日常生活的依托、社会和谐稳定的基础。

三、开展基层治理，创建法制乡村

一是建立、健全民主选举制度，做到民主选举规范有序、选举结果张榜公布，群众满意。二是建立健全村民民主议事决策制度和议事规则，凡涉及村民利益的重大问题，由村民代表大会按有关法律法规审议、建议，通过审议、建议后决定。村委会依法办事，村民的主权利益切实得到保障，无压制、破坏民主，侵犯民主权利行为。三是落实村民自治组织民主管理制度，村委干部严格实行依法管理，集体财产逐年保值增值，村委会公章、财务账目、用人用工等工作管理有序。四是全面实行村委会向村民代表大会报告制度，村务公开制度全面落实，广大村民知情权、参与权、监督权得到落实，合法权益得到保障，民主监督健全有效。五是加强法制建设，法制教育深入人心。通过观看法制宣传片，每季度开展一次法制宣传活动，聘请普法宣传员，设立法律咨询窗口和法制宣传栏，配备法律图书，建立普法志愿者队伍，印制"法律便民联系卡"等形式，普法教育得到全面落实。六是治保、人民调解组织健全并充分发挥作用，妥善处理民间纠纷，基层不稳定因素能够及时消除，无群众集体上访、无刑事犯罪、村治安良好。

四、注重思想引领，创建文明乡村

村党支部通过将社会主义核心价值观纳入中心组学习、民主生活会讨论、精神文明创建等学习教育体系中，推动社会主义核心价值观深入人心、引导人心、凝聚人心。结合中心村文化墙的绘制，深入开展理想信念教育、形势政策教育，让社会主义核心价值观宣传以润物无声的方式，将文明意识融入群众的内心，把文明理念转化为自觉行动。围绕"我们的节日""主题日活动"等形式积极创新活动形式和载体，采取群众喜闻乐见的方式，成功地搭建了价值观与大众间的桥梁，打造了社会主义核心价值观建设的炮楼模式。同时运用典型引路，发挥价值观的示范力。炮楼把学习"身边好人"、弘扬"最美精神"作为社会主义核心价值体系建设的重要载体。先后开展了"好儿女、好婆媳、好夫妻""十星级文明户"等一系列评选活动，努力在全村形成"人人崇尚道德模范、人人关心道德模范"的良好风尚。

五、改善人居环境，壮大集体经济

炮楼中心村是2017年度省级美丽乡村建设点，我村坚持规划先行，聚焦水电路，整治脏乱差，加强基础设施建设和公共服务配套，科学规划，合理布局，精心组织，认真落实，美丽乡村已全面建成。同时，按照"五清一改"工作要求，多措并举，大力推进农村垃圾、污水、厕所专项整治"三大革命"，加大基础设施建设，提升村容村貌，着力改善炮楼生产生活条件，提升炮楼村群众的生活品质。人居环境的改善离不开不断壮大的集体经济，通过集体资产清产核资和"三变"改革，盘活经营性资产和资源性资产，通过发包鱼塘、租赁房屋、光伏发电、土地流转等多种形式，增加农村集体收入。2018 年度村集体收入达到 51.6 万元。

第三节　案例总结

炮楼村以培育和践行社会主义核心价值观为根本，坚持以党建引领文明新风，探索和完善自治、德治、法治"三治融合"的乡村治理体系，锻造成了丁集镇一流的美丽宜居示范村，描绘出了一份乡风文明的新农村画卷。同时，在该示范村的引领带动下，丁集镇坚持"政府主导、各村联动、全民参与"的原则，通过以点带面、示范引领、逐步推开的方式，先后在 13 个中心村实施了美丽乡村建设，率先在全县实现了美丽乡村建设全覆盖。因此，这也为其他农村地区的乡村治理工作提供一些启示，乡村治理过程中县镇要注重培育和树立一批示范村，通过典型引领，各村之间相互带动，逐渐实现县镇地区农村人居环境、群众精神面貌和农村精神文明建设的整体稳步提升。

第五章　芜湖市峨山镇童坝村

第一节　村情概况

芜湖市童坝村位于繁昌县峨山镇南部，村域面积17550亩，耕地面积936亩，总人口3564人，下辖22个村民组。村党委下辖4个支部、8个党小组，共有党员142名。近年来，该村围绕构建党组织领导的"三治"相结合的乡村治理体系目标，探索建立以党建引领为核心，以经济发展、环境整治为双翼，健全自治、法治、德治融合体系，激活了乡村治理的协同力、融合力和创造力，提升乡村治理水平。先后获评全国乡村治理示范村、安徽省人居环境整治示范村、安徽省农村电商示范村、安徽省先进基层党组织。

第二节　案例分析

一核两翼三融合　党群共画同心圆

一、围绕党建引领这一核心，提升基层党组织引领力

（一）以四项机制增强党建牵引力

围绕发挥党支部战斗堡垒作用和党员先锋模范作用这条主线，实施四项举措，全力构建党建引领乡村治理工作体系。一是支部小型化。通过优化基层党组织设置，依据党员住址、职业等特点，将原有2个支部划分为4个支部，下设8个党小组。由党员户无偿提供房屋建设党小组活动场所，使用一块牌子、悬挂一面党旗、健全一套制度，把支部建设延伸至家门

口。二是工作制度化。建立党委委员联系党小组、党员联系群众制度，搭建党组织听取群众意见建议、宣传动员、落实工作联系机制。三是服务承诺化。建立党委委员从服务群众、工作目标、廉洁自律作承诺，支部书记和党小组组长从服务群众、工作目标作承诺，普通党员围绕服务群众作承诺的"321"承诺法，密切党群关系。四是管理积分化。以支部为单位，划分普通、流动、特殊三类党员，对党员按月积分、季度考核、年度评比。

（二）以"党员乡贤"示范带动激发原动力

组织开展党员户挂牌、主题党日志愿服务等活动，发挥党员模范带头作用。实行党员"1+X"联户机制，1 名党员联系包保多户，以入户座谈、宣讲等方式宣传党的政策。设置党员监督岗位，发动党员主动认领。在人居环境整治、美丽乡村建设等公共事业建设中，通过召开户代表会议选出带头人，同时鼓励村民组长、人大代表、退休教师、离退休干部、退役军人等乡贤群体先行先试，树立榜样。

二、以经济发展、环境整治为双翼，抓好乡村治理新机遇

（一）紧抓农村集体产权制度改革机遇

破解制约农村集体经济发展难题，实现农村集体资产由过去的"人人表面拥有、实际一份没有"变为"集体真正所有、农户按股占有"，完成资源变资产，资金变股金，农民变股东"三变"试点改革，实现农民按股分红。2017 年以来，童坝村按照尊重历史、程序合法、公开透明的原则，确认集体经济组织成员 3933 人，清查核实集体经济组织资产 272.42 万元，成立童坝村股份经济合作社，将集体资产确股到户，量化到人。盘活 563 亩林场资源，通过芜湖农产品交易平台进行公开发包，发包收入增幅 175%。有效利用县级的扶持资金，把村集体闲置厂房和村庄建设用地改建成 1000 平方米的仓储库房，对外出租。

（二）紧抓农村人居环境整治机遇

坚持党组织引导、村民主导的原则，将全村 22 个村民组依据村落状况、道路建设、人口分布等特点，划分成 12 个网格点，立足"五清一改二提升"标准，全力推进人居环境整治。加大基础设施投入，实现全村村组道路硬化率 100%，路灯亮化率 70%，安全饮用水全覆盖。以村民自建、

自筹、自管的模式，重点推行旱厕改造，改厕率95%。以整治无功能建筑为切入点，同步推进村庄清洁行动，翻建无功能建筑22处，拆除46处，腾空建设用地2400平方米，改建停车场、健身活动场所。利用村内废旧石头、砖、瓦等铺设村内小径、土路，护砌沟渠，运用传统土簏工艺，制作簸箕装饰物，装点上墙，打造特色乡韵，为村内环境"穿衣装扮"。

三、坚持三治融合，夯实乡村治理根基

（一）与自治融合，凝聚民情民意共商共治

一是加强自治组织规范化建设。优化民主监督运作方式，积极推行村务监督委员会列席村"两委"会议，参与工程招投标，监督资源性资产经营状况等，实行村务监督委员会年度工作报告制。完善村民（代表）会议制度，推进民主选举、民主协商、民主决策、民主管理、民主监督实践。推选议事能力强、群众基础好的17名党员成立党员议事会，规范议事程序。二是丰富村民议事形式。突出村民主体，按照"村民的事情商量着来"原则，探索重大事项"一事一会一议"模式，围绕目标建设，以村组为单位召开村民大会，选出村民代表，组建专题型村民理事会，形成村民主导、共商共建机制，提高农民主动参与村庄公共事务的积极性。

（二）与法治融合，依法治村打造治理新格局

一是深化依法行政。严格执行村级重大事项履行"四议两公开"工作法，突出审议效果，严把决议关口。制定村规民约，明确干群的权利和义务，使村内社会治安、村民风俗、婚姻家庭等方面有法可依、有章可循。二是强化法治意识。以法治文化广场为载体，深化"七五"普法，与镇司法所常态化开展法治文化义演活动。村"两委"带头，发挥村老年学校"五老"人员余热，组建普法志愿服务突击队，走村入户普及法律知识。三是健全乡村矛盾纠纷调处化解机制。发挥退休老干部、老教师，人大代表、党代表、村内企业家优势作用，依法选举产生村级调委会，解决村内矛盾纠纷。充分发挥司法行政在法律援助、公证、司法鉴定、调解等法律服务方面的职能作用，积极开展法律援助活动。

（三）与德治融合，立足村情实际涵养乡风

一是一约一机制树立新风。修订《童坝村村规民约》，把社会主义核心价值观、优秀传统文化写入村规民约，以"唱门歌"的形式广泛传唱。

健全村内道德评议机制，开展"好媳妇好婆婆""最美家庭"等评选活动，鼓励家训上墙，弘扬良好家风、民风。持续开展"移风易俗金秋行"活动，为大学新生举办集体升学礼，杜绝谢师宴，以文明、健康的方式感恩父母、感恩老师，引领示范树立新风。二是一屋一站两场所抓好服务。利用村里老队屋，重新修整改造升级，完善配套设施，修缮为公堂屋，为村民操办红白喜事提供场所和服务，深化移风易俗。利用村民自建房，修建两处养老服务站，满足老年人多样化需求。完成5个健身活动场所和2个篮球场运动场所建设，建立村级书画室，鼓励村民作品上墙。

第三节 案例总结

芜湖市繁昌县峨山镇童坝村坚持"一核两翼三融合"工作法，探索出了党群一体、村民主导、共商共建共享的乡村治理路径。党的根基血脉在人民，人民力量的凝聚发挥以组织为保障。党的群众组织力是党的性质宗旨的重要体现，集中反映了依靠、动员、组织和教育人民群众进行社会实践的能力。乡村治理过程中，要不断提升农村基层党组织的群众组织力，将农村基层党组织的政治优势转换成乡村协商民主的发展优势，不断激发乡村治理的活力，打造共建共治共享的乡村治理新格局，推进乡村治理现代化。

第六章　淮北市濉溪镇蒙村

第一节　村情概况

淮北市蒙村行政村地处濉溪县城西北 5 公里，东邻杜庙村，南邻八里村，西邻刘桥镇，北邻渠沟镇。有 801 公交车直达县城，交通便利。蒙村人口 5448 人，总面积 9600 亩，耕地面积 6900 亩。蒙村共有 4 个自然庄，14 个村民小组。蒙村党总支下辖 3 个党支部，8 个党小组，共有党员 144 名。近些年来，该村以"党总支+合作社"模式发展壮大村级集体经济，积极调整农业产业结构，整合资源大力发展特色产业，因地制宜发展特色产业和乡村旅游业，推动集体经济发展壮大。先后荣获全国美丽乡村试点村、全国乡村治理示范村、国家森林乡村、安徽省美丽宜居村庄、第五届安徽省文明村、安徽省美丽乡村建设示范村、全省美丽乡村重点示范村、省级乡村旅游示范村、"濉溪县美家美院"示范村等荣誉。

第二节　案例分析

党支部引领合作社　蹚出增收致富新道路

曾经的蒙村，可以说是一穷二白，农村基层基础薄弱，村级集体经济发展不足，集体经济收入几乎为零。穷则思变，进入新时代，蒙村领导班子逐渐认识到要改变，只有发展和创新。村"两委"切实创新思维、转变观念，坚持把发展壮大村级集体经济作为抓党建促乡村振兴的重要抓手，由党支部领办，成立农民专业合作社，结合本村特点，摸索出产业增效、集体增收的发展新路子，初步形成了"党支部引领、合作社运营、群众参与"的良好局面。

一、探索党建工作新模式，搭建创先争优的平台

通过加强党组织对产业发展的领导，有效破解资金、土地等资源统筹难题，架起党组织联系和服务群众致富的新桥梁，把党组织活动渗透到产业发展的各个环节，扩大了党建工作的覆盖面，有效地解决了农户在产供销环节政府"包"不了、村组"统"不了、农民"办"不了的矛盾。在产业发展中，群众有了困难，党支部出面帮助克服，党员出面协调解决，打造了党建服务产业发展、产业发展带动群众致富的良好局面。

通过组织引导党员带头参与产业发展、出售优质无公害产品、维护产品品牌声誉，做到新技术党员带头学、新品种党员带头试、新设施党员带头用，营造了党员创先争优的良好氛围。党员干部为群众提供致富信息100多条，解决各种疑难问题50多个。另外，通过党组织协调，引导社会资本多渠道、多形式投向乡村建设重点项目，促进基层党组织、特色产业链、农业经营链、群众富裕链的深度融合。并带动运输、流通等相关产业发展，拓宽了增收领域。人均纯收入达18600元。

二、党支部引领合作社，壮大村集体经济收入

为充分发挥村级党组织政治引领作用，蒙村积极探索解决发展壮大村级集体经济制约瓶颈的有效路径，创新开展"党支部引领合作社"试点工作，村干部带头、村民入股，整合闲置土地、厂房、沟塘等资源，采取合作共建、对外出租、投资入股等方式，多措并举做好"盘活"文章。群众收入持续增加，集体经济不断壮大，凝聚推动乡村振兴强大合力。创新引业到村、引社到村、引技到村和带富到人的"三引一带"模式，流转土地3000余亩，形成"一林一特色、一果一产业"的绿色经济发展格局。

实地学习考察山东石磨面的经验，租用农户房屋新建石墨面粉加工坊，生产销售石磨面粉，发展村石磨面粉产业，所产生效益归村集体所有，预计投产后项目年收益将达30万元。村集体经济资金入股桃园，参与"盈利共享、风险共担、效益决定"的分配机制；探索"筑巢引凤"创收模式，以土地入股的方式和企业建设农产品仓储冷链2400立方米，可建成对外租赁，产生效益；蒙村股份经济合作社自营投入资金建设3个蔬菜大

棚，租给种植能手，增加集体收入的同时，同时带动农户打零工增加收入致富；2021年村级集体经济收入50.08万元。下一步，蒙村将依托孔雀园发展文化创意产业，依托葡萄园发展葡萄酒产业，整合果蔬采摘园、家庭农场、农家乐，发展旅游观光农业，进一步增强村级集体经济实力。

三、打通线上销售渠道，促进农产品上行

暨濉溪县被评为第三批国家级电子商务进农村综合示范县以来，濉溪镇人民政府高度重视电商发展，成立了濉溪镇电子商务发展工作领导小组，并成立濉溪镇乡村振兴电商平台和直播间，旨在促进城区+乡村经济融合，促进农村产品上行，助力巩固脱贫攻坚成果和乡村振兴发展。成立蒙村乡村振兴农村电商综合服务站，邀请网红主播对当地农产品种植专业户、村集体农业合作社成员、村组干部等进行网络直播带货培训。蒙村长治农场，搭上直播快车，利用抖音宣传自家葡萄、火龙果、羊角蜜、草莓采摘，亲子农家乐，销售自产湘土红薯粉丝，已经开始通过直播带货实现。还利用抖音平台，帮助本村宣传石磨面粉，销售土特产，现蒙村采摘、红薯粉丝、石磨面粉、孔雀蛋等特色产品已通过农产品上行打通线上销售渠道。蒙村已经成为濉溪镇电商服务配套卓有成效的抓手，在濉溪镇竖起标杆。

第三节　案例总结

淮北市蒙村结合本村实际，积极探索党支部引领合作社的有效形式，壮大了村集体经济实力，让村民切实感受到了"人人是股东、人人是股民"，群众的积极性得到了充分调动，提升了对党组织的归属感、依靠感，真正实现了支部有作为、集体增收入、群众得实惠。总结该村的经验做法，可看出党支部引领合作社发展的落脚点是壮大集体经济，提高农民收入，其核心是发挥基层党支部的战斗堡垒作用和党员先锋模范作用，以此来带动群众增收致富，带动乡村产业发展，促进社会大局和谐稳定。

第七章　滁州市小溪河镇小岗村

第一节　村情概况

滁州市小溪河镇小岗村是中国农村改革的发源地，该村地处江淮分水岭地区，位于凤阳县东部约 28 公里，村域面积 2.25 万亩，其中农用地 1.89 万亩，可耕土地面积 1.45 万亩。现有 23 个村民组，4411 人，923 户。村党委下设 8 个党支部，现有党员 127 人。2019 年小岗村集体收入 1100 万元，人均可支配收入 25600 元。近年来，小岗村"两委"大力发扬敢为人先的"小岗精神"，坚持党支部领导和问题导向，积极探索开展党建引领信用村建设，把党建成果转化为信用村建设成果，以信用村建设成果促进基层治理、助力乡村振兴。先后获得全国十大名村、民主法治示范村、全国文明村镇、中国美丽休闲乡村、国家 4A 级旅游景区、安徽省爱国主义教育基地等荣誉称号。

第二节　案例分析

党建引领信用村建设　共谱"信用小岗"新篇章

信用村建设是优化农村金融生态环境，推动农村普惠金融发展，助力乡村振兴的重要抓手。凤阳县小岗村通过三项举措，不断扩大农村信用体系建设覆盖面，把党建引领信用村建设各项工作落到实处，助力乡村振兴加速跑。

一、精准定位——"选点"

凤阳县委组织部将党建基础、集体经济、乡风文明、基层治理等综合条件较好的小岗村作为全县试点，2020年小岗村党委召开5次协调会、推进会部署推动，并成立小岗村党建引领信用村建设工作领导小组，由小岗村党组织主要负责人担任组长，设立"党建引领金融服务室"，明确1名金融服务联络员，具体指导开展小岗村党建引领信用村建设工作。

二、示范带动——"破冰"

小岗村以党建引领信用村建设为主题，联合凤阳农商银行小岗党支部开展主题党日活动，组织开展"支部发倡议，党员作表率"活动，全村127名党员带头参与信用户评定，并联系周边5~10户家庭做好宣传倡导工作，对常年在外务工农户，通过微信、电话与其联系，确保信息采集全面准确；党组织通过公开栏、村广播、微信群、远教广场LED大屏等平台全面宣传，组织农户积极参与评信授信用信等。

三、纵深推进——"迎春"

小岗村由驻村干部、村"两委"干部、党员代表、村民代表等人员组成评议小组，对农户信息中的个人品德、志愿服务、移风易俗等指标客观公正评议，并及时公示评定结果接受监督。目前，小岗村信用户AAA级106户、AA级134户、A级540户，A级及以上信用户占比为87%，成功创建3A级信用村。同时，建立健全信用贷使用考评办法，每年对银行信用贷资金投入和使用情况进行跟踪问效，根据考评结果，调增或降低信用等级，将信用作为发展党员、评先评优、选拔干部的重要依据。

第三节　案例总结

小岗村积极开展党建引领信用村建设工作，积极发挥信用手段正面激励作用，推进信用建设制度化，以信用服务激活了乡村发展动能，用信用管理提升了基层治理效能，从而推进乡村治理培育良好村风民风，为产业发展、乡村振兴注入强大动力。"人无信不立，事无信不成，商无信不兴"，推动信用村建设，必须坚持党建引领。要充分发挥基层党组织和党员的作用，固根基、扬优势，以推动信用村建设为契机，完善乡村信用体系建设，提升基层治理能力、激活动力，真正为乡村治理提供坚强有力的政治保障。

第八章 池州市马衙街道灵芝村

第一节 村情概况

池州市贵池区马衙街道灵芝村位于马衙街道东 5 公里处，村党总支下辖 2 个支部 8 个党小组，党员 87 人，辖区面积 11700 亩，耕地面积 1641 亩，17 个村民组，常住人口 2230 人。如何走好乡村治理路呢？他们的路子是，推行"123"治理模式，即坚持党建引领核心，实行网格化和信息化"两化"手段，推进"自治、法治、德治""三治融合"来建设风尚美、产业美、环境美、秩序美、生活美的"五美灵芝"。近年来，该村通过加快集体经济发展，加大产业结构调整力度，不断完善农业基础设施，优化招商投资环境等举措，实现了美丽乡村建设目标。

第二节 案例分析

推行"一二三"治理路 建设"五美"灵芝村

一、坚持党建引领这一核心，构建和谐乡村新风尚

一是开展主题教育，夯实党建基础。认真开展"三会一课"，制订学习计划，采取领导带头学、专题讲座、学习心得交流、小测试等多种形式相结合的灵活机制，组织党员干部先后学习"两史两书一章"，以及与业务有关的法律法规，学习党的十九大及党的十九届四中全会精神。灵芝村党总支部设 2 个支部，每月召开支委会不限于 1 次，每季度召开党员大会 1 次，每月开展党员活动日活动不限于 1 次。灵芝村党总支 2019 年已经开

展集中讲党课 5 次，党组书记讲党课 3 次。召开组织生活会 2 次。

二是强化实践推动，融入群众活动。家庭文化、邻里文化是乡村治理的"黏合剂"。家庭和睦，人人期盼；邻里和谐，人人有责。为了构建和谐邻里关系，兴起家庭文明，促进乡村发展，以邻里和谐促进乡村和谐。多年来，灵芝村坚持每年进行评比"五好家庭""和睦邻里""好婆婆""好媳妇""灵芝好人榜"，并对评选出来的家庭及个人进行表彰及开展交流活动。通过活动的举办，激发居民互帮互助、扶贫帮困的热情，以利于居民感情的沟通，积极弘扬"睦邻、互帮、和谐、关怀"的邻里价值观，促进了居民的社区认同和价值认同，形成"人人为我，我为人人"的社区风尚，倡导居民形成文明健康的生活方式。

三是发挥先锋作用，兴村富民促发展。灵芝群众素来以勤劳聪慧而著称，随着农村产业结构调整度力度加大，涌现出一批致富带头人。钱双枪、王德明等四个种粮大户流转承包了全村 70% 的土地；共产党员齐永南通过引进技术和资金，投资 200 余万元成立"永南农业生态有限公司"，流转承包荒坡地 1500 亩，发展集果蔬种植、采摘、旅游观光为一体的种植园，一期 600 亩冬桃园已进入盛产期。公司在做好自身发展的同时，不忘帮扶周边的贫困户，2019 年公司专门增设 12 个扶贫岗位，结对帮扶 12 户贫困户就业，每户年增收 2000 元。

二、用好"网格化+信息化"两种手段，构建立体党建新模式

一是创新管理模式，推行"党支部网格服务"。2019 年灵芝村坚持以网格化理念抓党建，探索推行"党支部+网格+服务"的社区党建工作模式，优化党组织结构，延伸管理触角和时间，通过纵向延伸到底，逐级抓强落实，巩固了乡村治理和农村社会发展最根本、最基础、最稳固的群众力量，也从人员配置上解决了联系群众、服务群众等覆盖不到位的难题，实现居民"小事不出网格、大事不出社区"的目标。社区网格化管理是一项社会管理创新工程，为把网格化理做好、做实、做细，灵芝村在全村各村民组推选女乡贤担任妇女组长，目前全村共计 12 名妇女组长，由她们组成了妇女小队。她们来源于群众，更立足于群众，她们是最好的政策路线的"宣传员"、社情民意的"信息员"、乡风文明的"先行员"，是美好家园的主力军。

二是依托信息技术，完善基础设施服务群众。灵芝村自2012年实施"池青九环境整治统筹示范带"项目以来，"318"国道以南6个村民组217户村民全部搬迁到灵芝小区新村，全村余下11个村民组全部实现道路硬化（水泥道路通达里程8.3公里），村庄亮化（共安装太阳能路灯174盏），主干道绿化（栽植各类景观树3200棵，草坪约1000㎡）。全村生活垃圾全部实现集中清运，日产日清。灵芝小区新村修建一座日处理规模为400立方米的污水处理站，整个小区的生活污水通过地下管网排放到污水处理站统一进行清洁处理，流入下游农田灌溉水网再利用，为保护生态环境发挥重要作用。采用太阳能监控对村庄里的森林、水库及鱼塘进行无人值守远程监控，既释放了劳动力，又高效地完成实时监控，从而实现森林防火巡查、水库安全巡查、土地管理巡查，达到三效合一。

三、聚焦"三治融合"，构建乡村善治新格局

一是坚持群众自治为基础。加强群防群治队伍建设，增强村民自治的自我管理和自我服务功能。目前灵芝村制定了村规民约和村民自治章程，坚持志愿服务引领，探索形成"支部搭台、网格问需、专项服务"的志愿者服务模式，培育志愿服务组织，常态化开展爱心帮扶、送医助学、孝亲敬老、清扫社区、送策上门等志愿服务活动，志愿服务精神得到越来越多群众的认同，居民的人文素养得到有效提升。组建维稳工作队、专兼职巡防队，全面落实社会治安基础防范各项措施，积极开展平安创建活动，开展治安防范工作，在辖区组织治安巡逻，落实防范措施；认真开展人民调解工作，妥善处理群众信访事宜，及时化解家庭矛盾和邻里纠纷，2019年全面化解各类大小矛盾百余起。保障村民权益、激发农村活力，通过引导农村基层组织、社会组织和村民个人有序参与农村发展事务，进一步提升农民群众自我管理、自我服务水平。村级事务实行"一事一议"和"四议两公开"，凡涉及各村民组内的土地整治、桥涵维修、道路养护等事关村民切身利益的重大事项，全部按照"陈述议题、辩论、表决、宣布结果、确认签字"的流程协商议事，并交村民大会决议，使得村级事务管理更加民主公开。

二是坚持文明法治为纲本。通过建设美丽乡村，打造户外宣传载体。按照街道建设核心价值观的总体部署，打造以"中刘中心村"为代表的系

列户外载体，将社区文化与核心价值观高度融合，将核心价值观抽象化为具象，并有效扩大了居民的公共活动空间，践行依法治国理念。综合司法专员认真做好流动人口服务管理工作，严格规范出租房屋和用工单位的治安管理责任，定期组织清查"三无"人员，并及时向上级有关部门报备；协助公安政法机关办案，主动配合协助政法机关在本辖区内开展打击违法犯罪分子和开展国家安全人民防线建设和反邪教等工作，及时办理上级交办的有关社会治安综合治理的其他事项。

三是坚持保障德治为引领。广泛收集群众需求并进行分类梳理，由党组织号召能人牵头，成立红白理事会、老年互助协会、妇女组织、环境卫生等社区组织，充分发挥群众自治优势，在移风易俗、调解矛盾、邻里互助、留守妇女儿童、社区环境等方面为居民提供多样化、精细化、个性化服务。

第三节　案例总结

池州市灵芝村在乡村治理过程中，不断夯实党建基础，发挥先锋作用，通过"网格化+信息化"两种手段，构建立体党建新模式，兴村富民。走三治融合之路，加强群防群治队伍建设，增强村民自治的自我管理和自我服务功能，坚持文明法治为纲本，德治为引领，推动各方力量形成乡村振兴的治理合力，打造共建共治共享的乡村治理格局。

第九章　马鞍山市环峰镇梅山村

第一节　村情概况

马鞍山市含山县环峰镇梅山村位于县城东南部梅山脚下，属半山半圩地区，面积约 21300 亩，耕地面积 5186 亩，下辖 26 个自然村，人口 3592人。该村设有 1 个党总支部，2 个党支部，9 个网格党小组，党员 99 人。近年来，梅山村党总支紧紧围绕实现"党建强村、产业富村、人才兴村、文明美村、改革活村"五村联创目标，奋力打造抓党建促乡村振兴的梅山样板。该党总支先后被省市县委表彰为"五个好"党总支。

第二节　案例分析

党建唱响红韵梅山

一、唱响红韵梅山党建示范品牌

以"五基达标、五好争创"为抓手，着力打造"红韵梅山"党建品牌。一是强队伍。加强党的领导，村"两委"班子成员 7 人，实行书记和主任一肩挑，"两委"交叉任职比例达 71.4%。严格执行"三会一课"、组织生活会、民主评议党员、党员积分制等制度，结合"两学一做"学习教育常态化、制度化，开展"不忘初心、牢记使命"主题教育，提高党员凝聚力和向心力。注重发挥本村优秀青年、大中专毕业生、复退军人、科技能手等人才作用，建立了 15 人村级人才库，形成人才兴村强大合力。二是强阵地。在全村 26 个自然村布局 9 个网格服务点、17 个网格联络点，打造梅山村史馆、张齐党员初心亭、国华农业伟人广场、网格党小组服务点等红色阵地，实现"红韵梅山"范围内平均500米至少有一处党员服务阵地。三是强机制。健全村"两委"成员工作分工、值班、财务管理、党务公开、村务公开、为民服务全程代理等工作制度，加强村级工作规范化。推进村民"大管家"平台建设，突出支部、党小组作用，将党的路线方针政策落实到具体乡村建设中，打通了为民服务"最后一公里"。

二、发展农旅融合产业兴村富民

以梅山田园综合体为主要承接载体，打造农旅融合的现代城郊农业。引进国华、联邦等3家省市级农业产业化企业入驻，流转了规划区90%以上的土地，建设了2200亩的大棚蔬菜生产基地，形成了"标准化生产+一体化经营+绿色品牌带动+科研院所技术支撑"的现代蔬菜产业，打造国华农业采摘园、联邦农业等集农业特色产业、田园风光展示、休闲观光采摘为一体的休闲农业示范区，其中梅山蔬菜种植专业村获批省级一村一品示范村，梅山望梅止渴休闲农庄获批市级休闲农业和乡村旅游示范点，梅山村已逐步成为含城居民周末休闲活动的后花园，农旅产值增加了2倍多。成立冬梅苗木合作社，为环峰镇及其他地区绿化种植提供苗木，市场广阔。合作社按"党支部+合作社+贫困户"模式，带动梅山及周边地区贫困户"户联互助，联户发展"。2019年，梅山村荣获"安徽省乡村旅游示范村""马鞍山市十佳乡村振兴示范点"等称号。

三、凝聚民心实现群众共治全民化

健全完善全体村民共建共治共享的乡村治理体系。一是协商议事集民智。依托村民代表会议、村议事会、村民理事会等，将评选贫困户、土地流转、乡村基础建设等重大事项交由村民商讨决定，形成民事民议、民事民办、民事民管的多层次基层民主协商格局。全村68户贫困户均由户家申请、自然村及村民会议评选，精准识别、精准退出；困扰对庄自然村多年的土地确权问题，经过村民组长刘本祥多次召开村民会议协商，最终彻底解决。二是民主监督村庄事。健全村务监督委员会，参与村级集体财务管理监督，定期公开村务财务，重点强化对村级决策、集体资产管理、村集体经济收益分配、惠农政策措施落实、公益事业兴办、基础设施建设、农村精神文明建设等方面监督。三是乡贤参事献智能。充分发挥老党员老干部、"新乡贤""致富能人"的影响力，积极号召新乡贤、村能人投入村集体发展中来，成立梅山村乡贤参事会，定期召开乡贤议事会，听取他们在乡村振兴、脱贫攻坚等方面意见和建议，累计收到乡贤、乡能献言献策30多条，不断提高乡村自治水平。老党员蔡庆香在张齐中心村建设中，主动提出以拆除村内旱厕、废弃房、乱搭乱建为突破，并积极发动群众参与，有效推进张齐村省级美丽乡村建设。

四、依法治村实现平安法治体系化

一是注重依法治村。聘请法律顾问，定期到村指导，依法规范各项管理和服务，对村集体重大事项，决策前先由法律顾问把关，再经村民委员会、村民代表会议讨论决定。强化法律在维护农民权益、规范市场运行、农业支持保护、环境治理、化解农村社会矛盾等方面的作用。二是注重普法教育。树立法律至上、法律面前人人平等的村级治理理念，与市中级人民法院结对共建，充分利用新时代文明实践站，每季度开展1次法治教育，建设10米法治宣传长廊，引导村民知法、守法，使全体村民能正确定位"情、理、法"关系，形成守法光荣、违法可耻的观念。三是注重化解矛盾。建立健全乡村调解、县仲裁的矛盾纠纷调处机制。充分发挥调解委员会职能，自然村成立由老党员、乡贤、道德模范组成的调解小组，做到小事不出村、大事不出镇，将矛盾纠纷化解在萌芽状态。四是注重群防群控。引导村民自发成立治安巡逻队，按照每个村组不少于2人的标准，成立了30人的梅山村群防群治红袖章巡逻队，由村委统一指挥调度，开展昼夜社会治安常态化巡逻，兼防火、防盗、防诈骗宣传等。

五、建设乡村文化推进移风易俗

以社会主义核心价值观为引领，大力实施新时代文明实践站建设。一是以规立德。制定村级"一约四会"，强化道德教化作用，引导村民遵纪守法、崇德向善，建立道德激励机制，引导村民自我管理、自我教育、自我服务、自我提高，实现家庭和睦、邻里和谐、干群融合，推进移风易俗。二是以文养德。充分发挥新时代文明实践站、梅山文化大舞台和农民文化乐园的功能，唱响"梅山村晚"群众文化品牌，开展送文艺下乡活动，组织群众自演、自唱，用健康向上的文化活动，吸引群众、寓教于乐，弘扬社会主义核心价值观。三是以评树德。设立"梅山之星"光荣榜，每年开展好媳妇、好儿女、好公婆、五好文明家庭等评选表彰活动，宣传各类道德模范、身边好人的典型事迹，弘扬真善美，传播正能量。

第三节　案例总结

梅山村党总支切实发挥党建统领作用，统筹各方资源，围绕"美好梅山"建设，实现了基层党建、兴村富民、村民自治、平安建设、乡风文明等大步提升，村民获得感、幸福感、安全感同步提高，形成党建统领乡村治理的生动局面，奋力打造抓党建促乡村振兴的发展样板，开启美丽乡村建设华美篇章。

第十章　蚌埠市连城镇禹庙村

第一节　村情概况

　　蚌埠市固镇县禹庙村地处连城镇东南 13 公里，位于包浍河、怀洪新河交汇处。该村两委干部 8 人，党支部 5 人，现有党员 73 人。下辖 10 个自然庄，15 个村民小组，1044 户，4201 人，区域面积 19125 亩，耕地面积 8006 亩。近年来，该村两委班子通过抓党建促脱贫，抓基础设施建设和人居环境整治，推动呈现科学规划布局美、村容整洁环境美、产业兴旺生活美、乡风文明身心美，宜居、宜业、宜游的"四美三宜"美丽乡村新画卷。先后获得"省级美丽乡村""中国美丽乡村百佳示范村"等称号。

第二节　案例分析

示范党员亮身份　乡村治理做表率

一、一述两评三议事，密织党群关系网

　　"一述两评三议事"村情报告会制度，是村两委每季度的第一个月召开一次村务公开大会，参会人员由乡镇包片包村干部，本村的各级党代表、人大代表、政协委员，村"两委"干部，党员群众代表组成。根据要求，村党组织书记首先进行述职，重点报告群众关心问题的解决情况、上一季度的工作开展情况，以及需要公开和征求意见的事项；然后，大会对村"两委"班子及其成员开展评议，对他们的工作表现进行现场打分评判；之后，全体参会人员围绕"农业、农村、农民"三方面的问题共同议

事，形成统一意见后，按相关程序逐步落实。2019年度，禹庙村按照要求召开了村情报告会4场，共有416名党员群众代表参加报告会，被评议村干部28人次，累计商讨群众关注的事项41项，其中现场解决36项，会后履行程序解决5项。工作干得好与坏，交给群众来评判，村民知道村里在干啥，干部了解群众在想啥，一场村情报告会就啥都明白了。村情报告会制度架起了基层党员干部和群众联系的桥梁，在乡村治理中发挥着越来越积极的作用。

二、发挥党员示范带动作用，解决难点问题

村党组织班子团结务实、工作规范、对村级各类组织实现统一领导，党组织战斗堡垒作用和党员先锋模范作用得到有效发挥。在午收禁烧战场，党员干部以身作则，全力保障贫困户的粮食先收，自家的秸秆带头处理；在美丽乡村建设过程中，数十名党员带头将自家菜园地无偿贡献出来用于公园建设，大禹主题公园在15亩土地未补偿一分钱的情况下顺利建成；村内200多座旱厕拆除和数千棵杂树的砍伐也是在党员积极带动下，在未有任何补偿的情况下，全部顺利拆除。

三、发挥组织优势，带动产业迅猛发展

鼓励党员示范带动。村支部书记注册成立"狼湖河蟹养殖专业合作社"建设河蟹养殖示范基地，带领36户群众发展养蟹，规模达到1500亩；普通党员张敬奎带头示范种植有机水稻混养小龙虾30亩，亩效益3200元，示范带领群众发展稻虾立体种养面积2000亩。

依托新型经营主体带动。依托陈塘关种植专业合作社建立了千亩莲藕扶贫基地，采取合作社+基地+贫困户的模式，探索产业扶贫新途径。同时，鼓励贫困户以土地承包经营权作价入股、流转土地、参与合作社经营、入基地务工，通过多种渠道增加贫困户收入。目前，共通过土地流转方式带动28户贫困户入股分红，并带动38户贫困户就业，在莲藕种植、田间管理和收获期间，日均带动50多人就业，带动贫困户户均增收3000多元。同时依托千亩莲藕基地，发展乡村旅游业，带动农民在乡村旅游产业中就业28户32人，每人每月1500元。

通过村集体带动。通过村集体、村民生产资料、资金等入股方式成立

了村股份经济联合社，联合社分别入股陈塘关种植专业合作社、固镇县狼湖螃蟹养殖专业合作社和顾铭护栏有限公司，通过经营分红增加了村集体收益和群众收入。

四、多措并举，引导村民参与乡村治理

严格执行"四议两公开"制度；村务监督委员会依法参与监督日常工作；制定了广大村民知晓并认同的村规民约，村民参与的积极性较高。一是充分发挥村组干部、老党员、群众代表及义务监督员的作用。严把各类工程质量关和项目审核关，确保建成民心工程。另外，与农户签订"门前三包"责任书，积极开展党员示范户、标兵户、美好庭院户、星级文明户等"五评"活动，使广大群众积极主动自觉参与农村人居环境整治。二是注重道德教育。深入开展社会主义核心价值观教育，广泛开展道德教育实践活动，保护和弘扬传统优秀文化，大力开展移风易俗行动。村里成立了"红白理事会"，监督村民婚丧嫁娶办事，群众均能严格遵守村规民约，连续多年无婚丧嫁娶红白喜事大操大办现象。

五、以法治推进平安乡村建设

村党组织经常性组织开展群众性的法律法规宣传活动，积极开展法治文化阵地建设和法治文化活动，为村民提供便捷的法律服务，村民尊法学法守法用法，法治意识较强。深入开展社会治安综合治理，坚持矛盾纠纷排查调处"周五例会"制度，积极排除调处民间矛盾纠纷。常年开展夜间治安巡逻，深入开展扫黑除恶斗争，杜绝封建迷信活动和不良社会风气。连续12年无重大治安刑事案件，连续9年无越级上访和非法宗教活动。

第三节　案例总结

禹庙村在乡村治理工作中，充分发挥基层党组织战斗堡垒作用和党员的示范带动作用，架起了基层党员干部和群众联系的桥梁。充分发挥党组织的政治优势、组织优势，带动产业迅猛发展，不断为村级经济发展提供保障和动力。制定了符合村情、民情的村规民约，村民自觉主动参与美丽乡村建设的积极性不断高涨，实现了产业兴、环境美、秩序好的良好局面。

第十一章　宣城市白地镇江村

第一节　村情概况

宣城市江村村坐落在风景秀丽的皖南山区旌德县白地镇境内，205 国道依村口而过，距黄山风景区 37 公里。村域面积 13800 亩，耕地面积 1100 亩。下辖 3 个自然村，21 个村民组，623 户，2221 人；下设 4 个党支部，3 个党小组，党员 77 人。江村虽是一个 4A 级景区，却是一个贫困村。为此，江村党总支有效运用"党建+"模式，坚持党建引领，实现了由软弱涣散党组织向宣城市先进党组织的华丽转身；以"2323"工作法凝聚党员干部落实政策措施，提升了脱贫攻坚质量；以"老宅收储发展精品民宿"等项目为抓手，立足旅游产业带动集体经济，构建"三治融合"示范村，推进乡村有效治理。江村村先后荣获"宣城市十大美丽乡村""全国乡村治理示范村""全国乡村旅游重点村""安徽省特色旅游名村""全国先进基层群众性自治组织"等称号，这些荣誉的获得，是江村村在党的领导下，充分发挥村民自治优势，加强和改进乡村治理，扎实推进乡村振兴的最好佐证。

第二节　案例分析

坚持"三同向"　奏响治理"三部曲"

一、坚持党建引领，同频共振，奏响"同心曲"

一是搭建新班子唱好戏。村党总支以村两委换届为契机，吸纳回乡创业青年大学生江琦进班子队伍；招聘熟悉江村历史，语言表达能力优秀的导游徐婷进村委，并以后备干部身份对其培养，以老带新，优化班子架构，增强班子成员的活力和干劲，提升村两委为民办事能力。二是加强队伍建设增活力。深入开展市级党小组示范点争创活动。2019 年村党总支发展预备党员转正 2 名，发展对象 2 名，通过申请确定积极分子 6 名；开展党员活动 12 次，党员志愿服务活动 8 次，培训 16 次，红黄榜评议 4 次，上党课 12 次；开展党员违规违纪排查梳理，警钟长鸣。三是形成体系机制强保障。开展"爱江村、讲奉献、党员在行动"专题活动，在村内设置了 20 个意见箱，征求意见，凝聚人心、问计于民。村两委干部沉到村、组、户，扑下身子，真情融入、倾听呼声，把群众的意见转化为村级发展的目标和动力，同心同德、同向思维、同频共振。2019 年 11 月 1 日，在迫切希望得到发展机遇的洪山村民组，及时召开座谈会，广泛征求意见、沟通交流，集思广益，解决发展存在的问题，赢得群众一致赞赏。

村党总支在发展中心村的同时，没有兼顾好外围村，工作存在偏差，群众反映强烈。村党总支及时整改，通过不断地走进群众，深入田间地头，梳理水利建设意见 6 条，道路建设（含机耕路）意见 12 条，旅游发展建议 4 条，将群众的声音汇成一本清册，把群众的问题作为村两委的工作方向。自"民情办理六步工作法"推行以来，仅 2019 年，就办结群众意见和建议 126 件，融洽了干群关系，群众满意率 100%。

二、探索"三治融合"，同向思维，弹响"奋进曲"

一是自治增活力。江村村建立健全"一约四会+X"制度，培育自治组织。以民事民议、民事民办、民事民管的方式，实现自治增活力的目标。村民代表大会表决村里的重大事项、股改三变工作及村民评议会、监督委员会行使职责情况，通过这种形式，形成民事民议新模式，引导村民共同参与村里各项事业。

二是法治强保障。江村村设置了法律学堂，组织党员干部学好法用好法；实施人民调解委员会、综治受理大厅标准化建设，更好更便捷地服务群众；打造红色法治教育基地，用红色文化教育干部群众。充分利用旅游景区优势，组织普法志愿者开展法治宣传活动；结合法治扶贫，邀请县司法局开展普法宣传；与专业律师签订合作协议，免费为村里贫困群众提供法律援助。通过多种方式引导群众依法办事，营造全民自觉学法、知法、懂法、守法的良好法治氛围。

三是德治扬正气。依托江氏家训、明孝子遗训等江村传承已久的古训，熔古铸今，以文明景区创建为抓手，结合红色廉政文化教育基地、孝子祠等场所，开展学习活动，让党员群众更好地接受从古至今的道德熏陶。同时通过开展正能量的文艺演出和文化活动，引导广大群众积极向上。将江革行佣供母的故事改编成情景短剧，打造江村文化"一村一品"，组建江氏文化推进会，弘扬孝道文化。坚持定期开展好人评选，每年评选表彰一批优秀共产党员、十星清洁户，用身边的人和事教育身边的人。2015年以来，共开展评选活动100余次，评选出十星清洁户20户、最美庭院12户、法治家庭26户。

三、挖掘本土人才，同向发力，吹响"振兴曲"

一是依托景区发展精品民宿。江村在乡村治理过程中注重发掘本土能人。在村两委积极对接和引导争取下，2017年吸引在上海务工小有成就的党员严长青返乡创业，发展餐饮住宿，将原先闲置的老粮站改建成如今的青年旅社，创造劳动岗位6个。同时店内设有扶贫专柜，帮助销售贫困户农特产品。3年来，青年旅社的良好运转，又催生了严长青打造精品民宿的想法。在村两委支持下，通过产业扶持和招商引资，与马来西亚华裔客商李伟共同建设完成了江村村首家精品民宿——"坐忘江村"。依托江村的文化底蕴，李伟利用自身的人际关系，吸引一大批远道而来的客人，每逢节假日，精品民宿客房爆满。

二是全力补好村集体经济短板。绿水青山不会是天然的金山银山，江村将旅游经济作为"转换器"。结合自身实际，创新旅游产业+集体经济模式，发展老屋收储，改建特色民宿项目，先后整合资金30万元，完成老宅收购2幢。2018年村集体经济收入达到31万元，2019年通过委托运营景区、入股宣砚公司、入股坐忘江村精品民宿、老宅收储、发包青年旅社等项目，村集体经济收入达到40余万元。

三是因地制宜创新扶贫举措。在抓好村庄经济文化建设的同时，也没忘记关注关心关爱弱势群体。江村扶贫驻村工作队与村两委紧密协作，提出了"两清、三勤、两个不放松、三个及时"的工作要求。"两清"就是做到自己与贫困户对扶贫政策都能弄得懂、说得清；"三勤"就是在帮扶过程中要腿勤、嘴勤、手勤；"两个不放松"就是帮扶时对自己和贫困户树高标杆，对工作标准不放松；"三个及时"就是对扶贫政策的及时落实、贫困户的困难及时解决、不符合政策又是贫困户面临的实际困难及时研究。这一工作方法被总结为"2323"工作法，并在全县推广。为给群众创造更多的就业机会，江村村建立了一个扶贫驿站、两个扶贫车间，容纳就业人员100多名，既促进了贫困户就业脱贫，又解决了留村群众就地就业创收问题，大大减少了村民打麻将等不良风气，乡风民风全面改善。

第三节　案例总结

宣城市旌德县白地镇江村村以阵地建设和班子队伍建设为基础，狠抓基层党组织标准化建设，创新建立"民情工作六步法"，凝聚干群力量，让村民主动参与进来，拧成一股绳，同向共振，同向思维，同向发力，形成"想参与、要参与、能参与"的良好治理氛围，奏响了乡村治理的"同心曲、奋进曲、振兴曲"，打造了新时代和谐美丽繁荣的新江村。

第十二章　宿州市虞姬镇虞姬村

第一节　村情概况

宿州市虞姬村位于灵璧县城东郊。全村村域面积9910亩，耕地面积7536亩，下辖2个自然村、13个村民小组，1350户5950人。村党总支下设2个党支部，8个党小组，党员135人。近年来，虞姬村坚持以党建为引领，运用"一化一法一路"工作方法，积极探索自治、法治、德治"三治融合"的乡村治理路子，提升了基层社会治理水平。

第二节　案例分析

"一化一法一路"助力乡村治理

一、推行"党建网格化"，将服务送到群众身边

服务群众是基层治理的出发点和落脚点。虞姬村积极探索"党建进组、服务入户"工作模式，以村民小组为基本单位划分网格，在每个网格建立一个党小组，在每个党小组确定若干党性意识强、作用发挥好、党员群众认可的党员中心户，把组织管理和服务从村延伸到村民小组和农户，形成"党总支—党支部—党小组—党员中心户""四位一体"的党建网格体系。全村建成13个网格党小组，网格内有党员中心户75户，联系服务1350户，将政策宣传、纠纷调解、代办服务、重点人群帮教等工作纳入网格，做到了党员在网格集聚、作用在网格发挥，织就了一张覆盖全村每家每户的党建服务网络，使党员在自己的"责任田"里守土有责、精耕细作。

二、实施"三亮三评法",把党员变成善为先锋

党员实干是乡村治理的重要支撑和关键所在。虞姬村提出"一名党员一亮点,一名党员一面旗"的理念,组织开展"三亮三评"活动,推动党员发挥示范带头作用。一是开展三亮活动,激发创先争优积极性。其一是亮党员身份。通过佩戴党徽、党员户挂牌,引导党员把身份亮出来、形象树起来。其二是亮岗位标准。推行党员干部示范岗和无职党员设岗定责,激励党员发挥模范带头作用,全村有95名党员定岗领岗。其三是亮服务承诺。组织党员承诺践诺,通过年初承诺、日常践诺、年终评诺,督促履行为民职责。二是开展三评活动,落实为民服务成效。其一是党员互评。每半年组织党员对照岗位标准和承诺内容进行一次互评,交流成绩,认识不足,明确努力方向和争创目标。其二是领导点评。党总支委员每半年对所联系的党建网格进行一次调研点评,评出实效。其三是群众评议。采取设置意见箱、满意度调查等方式,组织群众共同参与测评。

三、走"三治融合路",使乡村治理有序有制

(一)激发自治内动力

形成"一约四会三公开"机制,实现民事民治。制定村规民约,将垃圾不落地、文明餐桌行动、严禁燃放烟花爆竹、禁止放养家禽家畜等要求融入村规民约,使村规民约真正成为维护农村公序良俗、促进村民自治的"硬规范"和"硬约束"。成立村民议事会、红白理事会、道德评议会、禁毒禁赌会,确保在遏制婚丧嫁娶大操大办、奢侈浪费、破除迷信和陈规陋习等方面发挥作用,教育引导群众弘扬传统美德、树立文明新风。建立村务监督委员会,实行党务、村务、财务"三公开",保障群众知情权、参与权和监督权。

(二)强化法治保障力

建立矛盾纠纷调解委员会,推行信访矛盾调处听证制度,平均每年调解矛盾纠纷60余件,调解率达100%,调解成功率在95%以上。推行"一村一警一法律顾问"制度,民警、律师每月驻村不少于8小时,让群众遇事找警找法成为常态。着力打造法治宣传阵地,建设法治文化节主题公园,既有图文并茂的宣传栏,又有滚动播放的法治视频,深度植入法治文

化，使群众在休闲娱乐中学法、知法、守法。

（三）增强德治支撑力

选树一批"先进典型群体"。积极开展星级文明户、最美家庭、身边好人、脱贫示范户等评选活动，形成新老先进典型传帮带、党员群众争先进的良好社会风气。2019年，累计表彰各类典型120余人。形成一批"道德礼仪规范"。积极推行"乡贤五老"治理模式，由群众推选德高望重的老党员、离任村干部、道德模范等"村内精英"组成道德评议团，深入开展道德评议。开展一批"精神文明活动"。设立新时代文明实践站，搭建理论宣讲、教育、文化、科技、体育五大服务平台，每月一主题开展文明实践活动。结合精神脱贫活动，编排有关移风易俗的节目，让村民在欢歌笑语中受到教育和熏陶。

第三节　案例总结

宿州市灵璧县虞姬村推行"党建进组、服务入户"工作模式，构建"党总支—党支部—党小组—党员中心户""四位一体"的党建服务体系，以"三亮三评"为抓手，推动党员在乡村治理中发挥示范作用，提升了农村基层党组织的组织力；探索"三治融合"乡村治理路径，推行"一约四会三公开"，实现民事民治；通过选树典型、道德评议、开办精神文明活动，涵养了乡村文明新风尚。

第十三章 六安市苏埠镇南楼村

第一节 村情概况

六安市裕安区南楼村位于大别山下，淠河之滨的苏家埠战役所在地，毗邻 105 国道，环拥淠河总干渠，交通便捷，水源丰沛，地势平坦，土地肥沃。村域面积 6100 亩，耕地面积 2875 亩。现有总人口 3546 人，1008 户，下辖 7 个村民组，设置 1 个党总支、3 个党支部、7 个党小组、87 名党员。近年来，苏埠镇南楼村持续加强党对乡村治理的集中统一领导，以固本强基为核心，以提升组织力为重点，进一步加强农村基层党组织体系建设，切实发挥基层党组织在乡村治理中的战斗堡垒作用。该村先后荣获"全国美丽乡村建设试点村""全国农村幸福社区示范单位""全国文明村镇"等称号。

第二节 案例分析

"127+N"引领乡村治理工作新格局

一、充分发挥"关键少数"的牵头作用

坚持"1"个村党总支的全面领导，抓好总支部班子建设，实行民主决策，制定每月一次支委会、一周一次"两委"班子联席会的制度，建设"学习型、思考型、进取型"两委班子。进一步加大对村后备干部的培养力度，目前村党总支已培养 2 名后备干部，其中 1 名已正式参加村级工作。同时广泛开展党员学科技活动，培养一批党员致富带头人。积极推动村级

集体经济发展，引导大户承包和土地流转，发展高效农业，种植反季节蔬菜，目前全村98%的土地被流转，1000亩裕南春农家体验主题公园被引资开发。规划建立了一个占地200多亩的农民创业园区，截至目前，园区内已落户企业20余家，实现就业人口700人。目前，村集体经济总收入51万元，群众人均收入24700元。

二、充分发挥党支部的政治引领作用

以"2"个党支部建立乡村治理"红色网格"，支部书记任网格长、驻村干部担任网格指导员，支委干部任专职网格员、党员任网格员。按照就亲、就近、就便原则，每名红色网格员联系5~10户群众，形成网状而突出党支部和党员的"红色网格"结构和运行机制。确保"每个网格都有党组织、每名党员都在网格中"，从而常态化开展民生服务、矛盾调处、安全隐患排查等工作，形成"小网格推动大党建"的工作格局。通过"红色网格"与村民委员会、村务监督委员会"三位联动"治理模式，逐步完善以村党组织为领导核心，村民委员会为主体，村务监督委员会依法监督，社会组织和村民代表等参加议事的机制，不断提高管理水平，落实民主监督，赢得公信。

三、充分发挥党小组的前沿阵地作用

依托"7"个党小组，以党小组和村民组为乡村治理单元，开展党群"板凳会"，推动乡村治理向更基层延伸。安排支委分别联系一个党小组，采取"支部建议、党员推选"方式，为各党小组配备文化程度较高、有一定声望的党小组长，并安排岗前培训，熟悉党小组业务知识。严格落实党小组会和党员议事制度，密切党群联系，实现了1个政策、1项工作传到N家N户，N个问题找党小组这一疏通渠道。比如，专业合作社支部第一党小组党员在党小组会上反映南高路没有路灯，存在安全隐患，急需安装，党支部了解到这个情况后立即联系上报项目，目前南高路路灯已安装完毕，在方便附近群众出行的同时消除了安全隐患。

四、推深做实"四联四帮"工程

让"N"个有帮扶能力的农村党员、致富能手、外出创业有成人士、村医等先进群体参与乡村治理等工作。实施先锋工程，加强党员队伍先进性建设，充分发挥党员在乡村振兴建设中的先锋模范作用。推进"四联四帮"工程，在现有结对帮扶的基础上，进一步扩大"联"的主体，让有帮扶能力的农村党员、致富能手、外出创业有成人士、村医等先进群体参与乡村治理等工作。建立本村生活困难党员、群众详细档案，由党支部委员和有带创能力的党员与生活困难党员、群众进行"一对一"结对帮扶，提供致富项目，同时帮扶他们解决在生产生活、看病和子女就学等方面的具体困难。目前全村共有68名党员群众参与乡村治理工作。

第三节 案例总结

南楼村在乡村治理工作中充分发挥基层党组织的战斗堡垒作用，形成了"127+N"治理新格局。抓好总支部班子建设，培养党员致富带头人，充分发挥"关键少数"的牵头作用；建立乡村治理"红色网格"，形成"小网格推动大党建"的工作格局，充分发挥党支部的政治引领作用；成立党小组，推深做实"四联四帮"工程，推动乡村治理向更基层延伸。党建引领乡村治理促进乡村振兴，党建引领是"根"和"魂"，南楼村将党旗插在美丽乡村建设的第一线，实现乡村气质颜值和百姓幸福指数双提升。

第三篇　共建共治共享推进乡村治理

　　新形势下，加强和创新乡村基层治理，建立健全党委领导、政府负责、社会协同、公众参与、法治保障的现代乡村社会治理体制，健全自治、法治、德治相结合的乡村治理体系，让农村社会既充满活力又和谐有序，已经成为基层治理工作亟须深入研究和解决的重大课题。近些年来，一些村庄在推进乡村基层治理变革中，通过不断的探索实践，走出了新路，树立了样板。

第十四章　合肥市烔炀镇中李村

第一节　村情概况

合肥市烔炀镇中李村坐落在千年古镇烔炀河南 1 公里处，是李克农将军的故乡，《巢湖好》名曲的原创地，月亮湾湿地公园所在地。全村境内有 3 公里巢湖湖岸线，烔河、炀河汇集流向巢湖。全村面积 16500 亩，耕地面积 9037 亩。现有 1268 户，总人口 3349 人，设 1 个党委，4 个党支部，9 个党小组，党员 127 人。近年来，该村在各方支持下，将关爱留守儿童与乡村建设和社会治理创新工作结合，立足农村社区，提升服务效能，使越来越多的人关心、关爱、重视留守儿童，让他们在学校能找到家的感觉，享受到家的温暖，也使更多的留守儿童有了个多彩健康的童年。

第二节　案例分析

关爱留守儿童　筑梦多彩童年

近年来，随着我国经济社会发展和工业化、城镇化推进，部分地方农村劳动力为改善家庭经济状况、寻求更好发展，走出家乡务工、创业，但受工作不稳定和居住、教育、照料等客观条件限制，有的选择将未成年子女留在家乡交由他人监护照料，导致大量农村留守儿童出现。农村劳动力外出务工为我国经济建设作出了积极贡献，对改善自身家庭经济状况起到了重要作用，客观上为子女的教育和成长创造了一定的物质基础和条件，但也导致部分儿童与父母长期分离，缺乏亲情关爱和有效监护，出现心理健康问题甚至极端行为，遭受意外伤害甚至不法侵害。巢湖市炯炀镇中李村在乡村治理过程中，高度重视留守儿童的教育。

一、创办专门学校

中李村现共有留守儿童22名，这些儿童的父母常年在外工作，和孩子接触的时间少。为保障孩子的健康成长，中李村创办了中李村"爱生爱"留守儿童学校，学校为22名留守儿童建立了完整的档案，加强对留守儿童的教育与管理。在档案上，除了记载着留守儿童的姓名、性别、年龄、住址等情况以外，还清晰地注明了每个留守儿童的不同情况，如父母均不在家的，单亲在家的，平时表现好的，平时提问多的，家庭经济状况好的，家庭经济条件差的，现在的监护人等等，也正是因为有了这本留守儿童档案，学校老师在关爱留守儿童方面得心应手、面面俱到。此外，学校围绕"快乐成长，让爱生爱"思路，采用"镇+村+高校"共建模式，实现对区域内留守儿童学习、生活、心理等各方面的常态化关爱帮扶。巢湖学院的大学生志愿者们会利用每周六的时间，到留守儿童学校来为孩子们上课，传授知识、解疑释惑，对留守儿童进行辅导，实现对留守儿童的亲情陪伴。安徽师范大学、合肥城市学院的大学生志愿者们，也在镇团委的联系安排下，先后来到中李村留守儿童学校，为留守儿童送来温暖。

二、转变教育观念

良好的学校教育对学生的影响是终生的。以往学校过分注重学习成绩，以排名论英雄，尤其是对留守儿童来说，父母问成绩、学校抓成绩，使其感受不到来自家庭和学校的关怀。中李村的"爱生爱"留守儿童学校，针对留守儿童的实际情况，转变教育观念，坚持以人为本，在关注留守儿童学习成绩的同时，更加关注他们的思想道德，对留守儿童的生活习惯、品德品质常抓不懈，使留守儿童先成人、后成才。每年暑假，学校校长还会带领这些留守儿童去李克农故居缅怀先烈，接受革命传统教育；带孩子们去月亮湾湿地、龟山公园游玩，感受大自然的美好；带孩子们去安徽师范大学、巢湖学院等，感受高等学府殿堂学识的渊博，让这些乡村里的孩子们开阔了眼界，拓宽了视野！

三、发挥公益组织作用

公益性社会组织是解决农村留守儿童问题的重要社会力量，它们所起到的作用是政府机构的重要补充，能够有效整合社会资源，推动关爱留守儿童机制的正规化和专业化。为关爱乡村留守儿童心理健康、守护留守儿童健康成长，炯炀镇民政办联合当地社工到中李村开展"关爱留守儿童"活动。社工们因材施教，围绕"心、手、脑"三大模块展开活动，充分关注孩子们细腻敏感的精神世界，缓解他们的孤独情绪，呵护孩子们身心健康成长。

四、助推孩子成长教育

利用农村"留守人员（留守老人、爱心妈妈）"和"五老人员"（老退休教师、老退休干部、老党员、老模范、老战士）对孩子进行宣讲教育。一是关注留守儿童的人身安全。暑期期间充分发挥广大"五老"作用，不遗漏一个家庭、一个学生，及时监督留守儿童，引导学生遵守疫情防控规定，努力形成学校、家庭和社会的联防联控体系，使全体学生安全、愉快地度过暑假。二是关爱他们的心理健康。为加强留守流动儿童与父母之间的心灵沟通，村社区及学校开通"亲情热线"，让外出务工家长定期与子女能够通过电话、视频加强交流沟通；开通"教师热线"，让外出务工家长可随时与班主任取得联系，架起留守流动儿童与父母之间联络亲情的桥梁；在村社区及学校设立"心理健康咨询室"，安排有经验的教师担任心理医生，及时帮助"留守流动儿童"解决心理上的困惑。同时还以"关爱留守流动儿童"为主题深入开展有助于留守流动儿童身心健康发展的各类活动，如主题班会、书信竞赛活动、集体生日、法制安全讲座等活动，让留守儿童充分感受到来自社会大家庭的温暖。

第三节 案例总结

合肥市炯炀镇中李村高度重视留守儿童的教育问题，将关爱留守儿童与乡村治理工作相结合，通过改进农村学校治理、农村家庭治理等方面，不断完善留守儿童教育，为留守儿童筑造一个幸福多彩的童年。同时，该村的做法也启示我们，在加强和完善乡村治理过程中，要重点关注乡村治理中人的问题。当前，乡村重建已经成为乡村社会治理的核心任务。在新一轮乡村重建中一定要将重心转向村民的经济生活，转向村民的情感需求、心理安全，为他们提供更多、更好的基层公共服务。

第十五章　黄山市甘棠镇甘棠社区

第一节　村情概况

黄山市黄山区甘棠镇甘棠社区地处城区中部，103省道和铜黄高速公路穿境而过，村域面积9000亩，耕地面积420亩，现有550多户，2100余人，设有7个党支部，8个党小组，党员151人。甘棠社区是甘棠镇政府所在地和黄山区物质交流和旅游集散中心，地理位置优越。甘棠社区属于村改居社区，新一届社区两委充分发挥党建引领作用，以"互联网+乡村"的模式，打造出"甘棠为村"乡村治理品牌，全面推进社区基层治理，不断提升社区群众幸福感和满意度，带领村民创造更加幸福美好生活。2019年9月，被评为安徽省首批美丽乡村示范村。

第二节　案例分析

"为村平台"共治共享　创新优化社区管理

2018年5月份，地处革命老区的黄山市甘棠社区在中组部的推荐下开通了"为村"微信公众号，打造出属于自己的智慧村庄平台。该平台以"连接为乡村"为目标，以"互联网+乡村"为理念，集便民服务、智慧村务、基层党建、信息资讯、村庄宣传、旅游推广、农特产品销售、网络宣传于一体，让在外打工创业者和村民都能随时了解村务、反映诉求、参政议政，为新时代的乡村连接信息、连接情感、连接财富。

"甘棠为村"平台开通了4大类15个功能栏目，只需要关注甘棠社区微信公众号，进行实名认证后，村民可以足不出户，与村"两委"进行互动交流。平台推出仅几天时间，认证村民数就有700多人，关注人数有800多，村民参与积极性高，平台上线一个月时间就成为全国第一个活跃度达到"四星"的"为村"村庄，是腾讯公司推荐到全国的学习典范。

一、群众反映诉求的好平台

农闲之余，村民们可以通过微信公众号了解村务，在"村友圈"里传播互帮互助的正能量，有诉求可以第一时间向村"两委"反馈，"为村"平台已经成为社区村民生活的重要部分。平台上设置有"便民服务、书记信箱"等干群互动板块，从"面对面"到"键对键"，社区居民只需通过手机就能表达诉求、交流互动、反馈评价，既帮助村民及时反映问题，又能提高社区"两委"工作效率。

疫情期间，甘棠社区借助"腾讯为村—甘棠社区"微信公众号平台，第一时间在平台上发布疫情防控宣传信息，收集了解居民疫情防控方面的诉求，为居民筹措防疫物资，尽心尽力帮助社区居民解忧愁、渡难关。平台里有个健康自查情况调查表，许多村民都参与了调查，纷纷表示对口罩和消毒水的需求非常大。甘棠社区工作人员及时将大数据分析结果反馈给社区，社区通过多方渠道从外地订购了1万多个口罩，由各片区网格员统一按户籍人口发放。封闭管理不是小事，离不开群众的配合，志愿者招募贴发放后，广大党员、社区居民积极响应，报名投身到防疫战中去。在群众、党员干部、志愿者等众人的努力下，社区疫情间封闭管理等各项工作顺利开展，得到有效落实。

二、密切党群干群关系的好纽带

平台开通前，社区居民对社区事务缺乏了解和理解，造成了党群干群关系紧张，社区想干点事情举步维艰。现在甘棠社区把"村务公开""党务公开""服务公开"作为提高社区治理透明度、提升群众满意度的重要抓手，建立了"三务"公开制度，坚持"能公开的都公开"原则，极大提高了群众对社区事务的关注度。现在有了为村平台，社区干部的工作事务和生活都晾晒在平台，从此在群众面前成了"透明人"，村里的事情成了"透明事"，有效缓解了党群干群关系，提高了村民对党员干部的信任度。

小事不出组，大事不出村，哪家有困难、邻里有矛盾，只要你发布至书记信箱，立马有人回应，从此不用再往村里跑。甘棠社区党委书记刘卫华更是把这个平台当作与村民交流和展示自己工作生活的好工具，哪些事情想干，村民们有没有意见，哪些事情需要村民配合支持，连自己平时铺床叠被、扫地抹灰，甚至自己干错事了，他都会发布书记公开信，把一个有血有肉的书记形象展现给村民，现在都成了村里网红。

三、服务村民致富的好渠道

一直以来，发展集体经济都是甘棠社区的头等大事，如何用好政策，带动村民致富，社区干部们一直在摸索。经过外出考察学习并结合本地实际情况，社区从 2017 年开始进行股份制改革，把经营性资产集中起来，让居民成为村集体资产的拥有者，每年年底进行核算，预留社区运作费用和发展资金，剩下的就按股分红，并为所有村民购买医疗保险，给百姓带去看得见的福利。

"甘棠为村"不仅为了社区治理，更注重引导党员、群众参与社区发展、分享发展成果。社区群众对效益不佳、设施落后的芙蓉菜市场意见大，经"为村"征集各方意见后果断实施旧市场改造工程，打造皖南区域第一家网红农贸市场，新市场营运半年纯收入达 33.65 万元，带动居民分红 13.9 万元。"村干部的职责是为群众谋利益、谋幸福。遇到困难，要带头克服；有了好处，要优先群众。"社区书记刘卫华相信，将心比心为群众做事，群众一定会看得到。

假如乡村振兴是一台戏，那么唱这出大戏的主角一定是所有的党员干部和村民，"为村"是舞台、股份是门票，干部搭台、党员领唱、广大居民一起参演，相信在不久的将来，甘棠社区的大戏一定会热热闹闹，甘棠社区也一定更加和谐。

第三节　案例总结

黄山市甘棠社区通过"互联网+乡村"的模式打造出的甘棠为村平台，是运用互联网技术和思维破解新形势下乡村治理问题的创新实践，也利于为其他地方探索乡村治理与互联网的结合提供一定的经验启示。为村平台拓宽了村民参与乡村治理的渠道，有效激发村民自我参政意识的觉醒，汇聚起了多元化的治理主体。无论是在外务工人员、在校大学生、乡镇党政干部，还是返乡创业人员、农村青年等各个群体，都能够切实发挥他们参与乡村治理的主体作用，让他们自己"说事、议事、主事"，凸显乡村治理中群众的主体地位。借助互联网技术，把乡村的农业、经济、政治、文化等各方面的资源有效衔接整合起来，汇聚起各项公共服务，惠及乡村基层群众。由此可以看出，随着互联网技术的迅速发展，数字化、信息化促进乡村社会治理的作用越发凸显，互联网与乡村治理的结合也正成为必然趋势。

第十六章　宣城市宣州区花园村

第一节　村情概况

宣城市宣州区澄江街道花园村地处城市中心，地域面积3585亩，耕地面积2850亩。花园村下辖6个村民组，村民1251人，下设2个党支部，5个党小组，党员60人。该村在大面积土地征迁，大量村民变成失地农民的情况下，作为城中村的花园村，如何走好乡村治理之路呢？该村的方法是充分发扬"安徽股改第一村"的创新精神，在党组织的创新带动下，在"五色工作法"的引领下，村集体经济发展稳健有力，村民生活富足安康。花园村先后被评为"全国文明村""全国乡村治理示范村""全省民主法治示范村""全省先进基层党组织"等，村级发展取得了新的飞跃。

第二节　案例分析

"五色"扮靓"花园"

近年来，"安徽股改第一村"宣城市花园村着力围绕党建品牌化建设，发展村级集体经济，营造和谐淳朴的文明新风，打造团结务实的班子队伍。通过"五色工作法"，实现各项村级工作有特色，推动乡村振兴和基层治理有机融合，实现集体经济发展新飞跃。

一、红色党建引领：夯实党员班子队伍建设

随着辖区征地拆迁和新建居民小区的不断增多，原农村党员的实际居住地发生了大变化，由原来的以村民组为单位集中居住，转变为以各个居

民小区为单位的分散式居住。为进一步强化基层党组织的凝聚力和战斗力，以居民小区为网格单位，成立了网格党支部，通过建立小区内的红色组织，突出党员在基层治理和集体经济发展中的先锋模范作用。以"三会一课""固定党日""党员红旗榜"等为载体，以网格党支部为单位，抓党员学习，抓班子建设，抓红色引领工程。近年来，花园村党总支先后荣获"全省先进基层党组织""全市先进基层党组织"等荣誉称号。

家住盛宇湖畔小区的范国宏是花园村第一网格党支部的一名普通党员。在成立网格党支部之后，他更加关心居民的需求，更加关注小区的建设。一名党员就是一面旗帜，经过群众一致推荐，他成为一名邻里信任的楼栋长。2021年初，为解决小区停车难的问题，物业公司开始推行停车位收费管理制度。通告张贴后，范国宏率先垂范，除了自己主动租赁车位、不乱停车辆之外，还挨家挨户地做邻居们的工作，俨然是一名义务劝导员。在他的不懈努力之下，他所在的楼栋租赁车位的车主达到100%。红色力量在基层发挥着巨大的作用，目前，党员楼栋长的比例在小区达到80%。

二、绿色经济发展：推动集体企业健康运营

花园村自2013年实现集体经济"三变"改革以来，坚持发展绿色经济，走自主经营的道路，先后筹建幸福花园老年公寓，缓解社会老龄化压力；兴办维也纳国际酒店花园店，提高城市整体接待能力；众筹众轩花园酒店（餐饮），满足大众化餐饮消费需求；开办花园农产品配送中心，将脱贫攻坚成果与乡村振兴有机融合；新建花园物业管理有限公司，创新基层治理新模式。通过绿色项目引领，安徽花园实业股份有限公司自2014年以来，营业收入稳步提升。2020年，公司全年实现经营性收入5142万元。

2021年，花园实业秉承着绿色发展理念，成立了花园物业管理有限公司，一方面为集体经济发展增加新动力，另一方面为强化基层治理增加新路径。由于盛宇湖畔小区原物业公司管理服务水平低，业主委员会不作为，小区业主怨声载道，负面影响极大，一年内多次被区物管办约谈。为解决管理难题，经过多次调研走访、考察学习，最终公司决定整合现有资源，成立宣城市花园物业管理有限公司，接管盛宇湖畔小区，打造高标准的幸福小区样板，同时全面进军现有的物业管理市场，发展服务产

业。目前，花园物业管理公司已进驻小区开始运营，计划 2021 年获得新的突破。

三、蓝色志愿服务：打造基层治理有效抓手

像纯净天空的一抹蓝是花园村志愿服务队的象征。多年来，花园村志愿服务队先后组织开展贫困学生微心愿认领、"情暖六一、关爱孤残儿童""我是文明卫士""垃圾清扫行动""抢险新河圩抗洪护堤行动""抗疫我先行"志愿服务等活动。2019 年 3 月，依托大学生志愿者等青年群体组建花园村"四点半"课堂辅导员队伍，有针对性地解决"孩子已放学，家长未下班"的问题，全年服务儿童 3000 余人次。同时，通过将志愿者下沉到网格，建立志愿服务积分制，将志愿服务延伸到基层治理的方方面面，让志愿者成了基层治理工作中的一支核心力量。

为了解决辖区居民上班与孩子放学后托管难的问题，2019 年 3 月，花园村依托儿童服务站平台开设"四点半课堂"服务项目，不仅配备有专兼职两名工作人员，还组建了一支由"社工、大学生、志愿者"组成的志愿服务队伍，为儿童提供课外辅导服务。"四点半课堂"为丰富儿童课余生活，每周一至周五下午 4 点半至 6 点半开展常态工作，周末则开展形式多样、内容丰富的主题活动。花园村儿童服务站为辖区居民解决了实际难题，帮助儿童养成了良好习惯，不仅成为做好青年工作的重要阵地，更成为抓好基层治理的重要渠道，辖区居民更加支持村级各项工作。

四、橙色和谐社区：点亮温馨文明邻里关系

2020 年，《花园村新村规民约》被评选为安徽省优秀村规民约。在实施过程中，新村规民约也约出了和谐，约出了温馨，约出了文明。截至目前，花园村共有 15 个家庭领取了团圆照奖励；有 10 户新婚家庭选择了喜事简办，酒席 10 桌以下；有 7 户家庭放弃了在小区设置灵堂选择按照规定统一前往马山殡仪馆，文明行为蔚然成风。近年来，花园村成立广场舞舞蹈队，每年定期举办花园村邻里文化节、花园村丰收节等文艺盛会，通过包粽子比赛、猜灯谜比赛、有奖问答等节目，让辖区居民走出楼栋，营造温馨和谐的邻里关系。

2018 年开始，村里结合股民分红大会开办农民丰收节，村民自编自导

的文艺节目陆续登上节日舞台，在欢歌笑语中，村民们载歌载舞，享受丰收的喜悦。花园村原创小品《我是花园人》还走出了花园登上了2020年宣城春晚的舞台。农民丰收节和邻里文化节等节日的兴起，村民的精神文化生活更加丰富，幸福感显著提升。

五、黄色关爱机制：建立扶贫帮困长效制度

2016年花园村所有贫困户全面脱贫，在绿色经济发展的推动下，2018年开始，全体股民获得首次分红，截至2020年底，花园村先后进行了三次分红，总额达328.4万元，并为全体村民购买了城乡居民医疗养老保险，实现了双保险全覆盖。为帮助因病因灾致贫的部分困难家庭，村里每年从公司经营净利润中提取百分之一的公益金成立扶贫帮困专项基金，用于帮助困难家庭走出困境。同时，每年对70岁以上的老人进行关怀走访慰问，对考上本科以上院校的学子进行奖励，通过建立关爱长效机制，让花园人的幸福指数不断提高。

村民吴易芬是花园村顾村组的村民，原本夫妻二人在企业上班，收入可观，一家三口幸福快乐地生活着。然而，2017年，丈夫被查出结肠癌晚期，让这个原本幸福的家庭迅速陷入贫困。为了给丈夫看病，吴易芬辞去了工作，花光了家里所有积蓄。在了解到情况后，村干部及时为吴易芬申请了村帮贫基金，通过基金救助渠道，吴易芬获得了2000元的救助金。同时村干部还帮助吴易芬寻求到了一份在家门口上班的工作，既能照顾丈夫，每月又有稳定的收入，让她摆脱了贫困。自2008年以来，村委会不断建立完善村民住院看望慰问、九九重阳节慰问老人、七十周岁老人春节慰问、五保户帮扶、大学生奖励等制度，村民的获得感、幸福感不断提升。2013年以来，花园村共走出了92名本科大学生，为社会贡献了力量，为村里搭建了人才梯队。

第三节　案例总结

城中村是城市快速发展的产物，善治城中村，本质上就是实现人们心中"城市让生活更美好"的期待。如何对城中村实现有效治理？宣城市宣州区澄江街道花园村给我们提供了治理新思维和新亮点。花园村创新治理

方式，搭建治理新平台，让城中村村民、居住者参与治理，有利于加快推进城中村综合改造工作，并可以积极妥善处理推进过程中遇到的各类矛盾和历史遗留问题。具体工作中，既要依法、依规、依程序推进，又要尊重客观规律，尊重村民意愿，有情操作。通过完善的社区治理机制和平台，通过营造社区的归属感、信任感、公德心和守望相助的价值和精神，引导村民共同打造共治共享的美好社区生活，城中村面貌将会逐步改变。

第十七章　铜陵市胥坝乡群心村

第一节　村情概况

铜陵市义安区胥坝乡群心村总面积 11250 亩，耕地面积 1868.45 亩，共有 776 户，20 个村民组，总人口为 2487 人。村设党委，下设 2 个党支部，党员 77 人。村集体经济年收入为 200 万元，人均可支配收入为 23000元。近年来，该村把创建新时代文明实践站，作为全国农村社区治理实验区创建的重头戏，通过"构网""织网""筑网"，强化村党委引领作用和村民自治作用，积极探索新时代志愿服务的乡村善治之路，取得显著成效。先后获得"全国生态文化村""全国综合减灾示范社区""中国村庄2019 特色村"等称号。

第二节　案例分析

"三网"提升志愿服务　探索乡村治理新招

一、"构网"建架构

（一）构筑组织体系

村党委书记担任村新时代文明实践站站长，其职责是发挥向上对接、向下传导的作用，负责村文明实践站和村文明实践活动的规划建设、统筹指导、人员培训等。为推动村新时代文明实践站常态化开展活动，文明实践站不仅明确管理员，专门负责组织实践活动，而且村文明实践站还结合群众的生产劳动和实际需要，利用村部、村文化活动中心、村乡贤文化馆、村喜庆堂、渡江文化广场等场所，成立志愿服务队，用群众喜闻乐见的形式，制度化、常态化开展文明实践活动。

（二）构牢实践阵地

打通党员远程教育中心、党员活动室、文化活动中心和村服务大厅等，建立理论宣讲平台。建设新时代文明实践站，根据文明实践活动的需要进行统筹整合、优化配置、共享使用，切实提高村公共服务资源的综合使用效率。统筹谋划、统筹建设、统筹运用好文明实践站平台资源。

一是建成全市第一个村级乡贤文化馆。2017 年投资 50 多万元，兴建了群心村乡贤文化馆。乡贤文化馆占地面积为 260 多平方米，设有"红色记忆""乡贤人物""廉政建设""家规家训""群心好人"五个展厅，成为村民德治教育的红色平台和城乡居民爱国主义教育红色场所。

二是创建家风家训示范街。在中心村创建家风家训示范街，在居民各家门前都镶有一块扇形的门牌，牌子上印有这个家庭的家风家训文字，门牌由村里出资统一制作，整个街上共有 168 户人家门前镶有"家风家训"门牌，营造乡贤文化氛围，传承美德家风。

三是创建法治文化园和法治大道。法治文化园和法治大道总长约 1.5 公里，设置宣传法治道旗 12 面，制作法治宣传标牌 35 个。通过创建法治文化园和法治大道，让广大村民自觉应用法律法规约束自己的言与行。

四是创办村级"喜庆堂"。倡导村民移风易俗、勤俭节约新风尚，群心村于 2017 年建成全区首个"喜庆堂"。为把"喜庆堂"办成村民移风易俗、厉行节约的场所，村里成立了村民理事会，制定了规章制度。凡到村"喜庆堂"办红白喜事的村民，不得超过 10 桌，礼金每人最高限额为 200 元，并要求村"两委"班子成员和党员带头执行。

五是创建孝道文化广场。为加强村民孝道文化教育，弘扬尊老敬老传统美德，于 2019 年投资 50 多万元，在村部附近创建了孝道文化广场。村孝道文化广场占地约 3 亩，由传统二十四孝、群心村赋和子胥亭（传说铜陵胥坝是由伍子胥在此屯兵筑坝而得名）三部分组成，风格为砖雕格式，图文并茂。

六是建成村文化活动中心。村文化活动中心占地面积为 2000 平方米。活动中心内有棋牌室、微电影室、电子阅览室、书画室、健身室等。村文化活动中心坚持每星期开放 5 天，免费提供茶水，全部活动不收一分钱，做到优质服务。此外，村里的文化活动也非常丰富，组建了健身球、广场舞等娱乐活动队伍，对参加文化体育健身活动的村民，村委会提供一切便利条件，对市区送文化下乡的各类文艺团体，都能最大限度地予以满足，真正让农村社区村民的文化生活美起来。

(三) 构建志愿服务队伍

群心村新时代文明实践志愿服务大队，下设6支志愿队，即新理论宣讲志愿服务队、好家训践行志愿服务队、爱我家保洁志愿服务队、夕阳红助老志愿服务队、家乡美文体志愿服务队、保护母亲河志愿服务队。新时代文明实践站是群心村党组织"一把手"工程，站长和大队长均由村党委书记担任，并负责抓好实践站志愿服务工作。新时代文明实践站的主体力量是志愿者，主要活动方式是志愿服务。重点引导返乡党员干部、退休职工、社会能人、网络员、调解员加入志愿者服务队伍，推动社会主义核心价值观建设，传树文明乡风。

二、"织网"善服务

(一) 理论宣讲，政策落地

群心村组建了以村干部、村退休老干部为主的宣讲队伍，他们采用会议、座谈、一对一的形式，面向全村宣传宣讲党的政策，宣传解读党的十九大精神，宣传阐释党中央大政方针、为民利民惠民政策，帮助农村干部群众了解致富兴业、农村改革、民生保障、生态环保等与农民利益密切相关的方针政策。自建立新理论宣讲志愿服务队以来，群心村紧密结合农民实际，组织开展了内容丰富、形式多样的教育实践活动。譬如在开展推动乡村振兴这一主题宣讲时，宣讲队精心准备讲稿，制作课件，在宣讲过程中，他们设计了台上自问自答、台下有问有答等方式，使宣讲对象听得懂、认得清、用得上，真正让群众更真切地领悟思想，更好地用以指导生产生活实践。

(二) 践行家训，涵养乡风

群心村组建了好家训践行志愿者服务队，扎实开展村民思想文化志愿宣传工作。开展了形式多样的家风家训、移风易俗、弘扬时代新风等宣传活动，引导群众讲文明、树新风，破除陈规陋习，传播文明理念、涵育文明乡风。譬如好家训践行志愿者服务队组织开展"传家训、树家风、立家教"主题宣传活动，唤起广大居民群众对"注重好家教，传承好家训，培育好家风"的重视，提升了辖区村民的自身修养，提升了全村整体文明水平。2019年4月，《人民日报》专题报道了群心村用好村规民约、传承美德家风的乡村治理经验。

（三）爱家美家，宜人宜居

组建了爱我家保洁志愿服务队。先后开展了"秸秆禁烧大宣讲""美化家园、服务大家""人居环境整治我行动"等志愿者服务主题活动21次，参加志愿者430余人次，对辖区内的中心村、文化广场、农民公园、休闲草坪等地进行了清除杂草、卫生保洁、环境整治等各项保洁自愿活动，共清除厕所13个，柴垛7处，杂草4000余平方米，清运垃圾近3吨。

（四）夕阳助老，尊亲崇德

群心村历来重视居家养老工作，居家养老服务工作一直以来是群心的优势所在。在成绩面前，群心人推陈出新，积极打造了夕阳红助老志愿服务队，进一步提高群心村居家养老服务水平。开展帮助老人"清洗被褥""理发""送餐"等活动，通过"孝道红黑榜"评选、开展"敬老爱老助老"主题教育、举办最美孝星事迹报告会、发放敬老宣传册等宣传方式，引导全村村民崇德向善、孝老爱亲，形成尊老、敬老、爱老的淳厚民风，真正让居家养老服务工作融入村民的日常生活。

（五）文体娱乐，厚植文化

组建家乡美文体志愿服务队。服务队以坚持"服务群众"为理念，以体现公益性、便捷性、服务性为原则，针对广大村民不同文化需求，组织内容丰富、形式多样、健康有益的文化活动。通过志愿者组织以村民为主要成员的业余文体队伍，开展广场舞、跑步、太极拳等具有社区特色、喜闻乐见、易于参加的各类文体活动和文体信息服务活动，以丰富多彩的艺术形式宣传"改陋习、树新风、创文明"。

三、"筑网"强保障

一是加强组织领导。群心村新时代文明实践站设站长1名，副站长4名，成员13名。实践站下设办公室，办公地点设在文化活动中心，做好志愿者的组织引导、登记注册、表彰嘉奖、权益保障等工作，依托各种平台组织志愿者开展文明实践活动。同时，实践站不断提高政治站位，建好用好新时代文明实践站各项功能，推动农村基层党组织履行好组织、宣传、凝聚、服务群众的重要职责，充分发挥党员先锋模范作用，有效调动广大村民自我教育、自我提高、自我服务的积极性、主动性。

二是建立长效机制。建立健全《群心村新时代文明实践站管理制度》《群心村新时代文明实践站工作运行制度》《群心村新时代文明实践站权责清单》《群心村新时代文明实践站积分奖励办法》等制度机制，坚持用严的制度和求实的工作作风保障好实践效果，确保志愿者服务常态化卓有成效地开展。

三是抓好融入结合。立足自身实际，把新时代文明实践工作贯穿融入经济社会发展各方面工作之中，融入乡村振兴战略，在农业农村现代化的产业、生态、乡风文明、社会治理等方面融入文明实践，培育树立文明乡风、良好家风、淳朴民风。

四是营造浓厚氛围。综合运用各类宣传载体、文化阵地，强化对新时代文明实践站建设工作的宣传报道，切实营造各级重视、各界支持、群众参与的浓厚氛围，为文明实践活动健康有序地开展营造良好的舆论环境。

第三节　案例总结

从群心村乡村治理过程中志愿服务的发展可看出，农村志愿服务事业必将成为农村稳定与发展不可或缺的力量。为了更好发挥农村志愿服务在农村基层治理中的效用，农村社会可以依托新时代文明实践中心（所、站）这一制度和平台资源，开展多项工作。首先，在中心（所、站）的日常宣传工作中，加入志愿服务精神相关内容，向农村地区的干部群众普及志愿服务知识，加深农村社会对志愿服务的理解。其次，挖掘本地传统文化和民风民俗中的志愿服务精神元素，将优秀传统文化与志愿服务有机结合，打造本地志愿服务的文化叙事风格。最后，用形式多样、群众喜闻乐见的方式宣传农村社区内的志愿者事迹，打造参与志愿服务光荣的良好社会氛围，激发群众对参与志愿服务的热情，从而推动乡村善治。

第十八章 蚌埠市古城镇五郢村

第一节 村情概况

蚌埠市五郢村位于怀远县古城、榴城、淝南三镇交界处，有5个自然庄，村域面积14250亩，耕地面积2873.6亩，家庭户数324户，人口1259人，设有4个党支部，3个党小组，党员36名。近年来，该村从困扰群众生产生活的公共基础设施建设入手，大力开展环境整治、发展多元化产业、完善乡村治理、推动移风易俗，走出了一条具有五郢特色的治理之路。该村先后被省市委组织部授予"五个好"村党组织、"全国乡村治理示范村""安徽省森林村庄""蚌埠市文明村"等荣誉称号。

第二节 案例分析

"三个一"铺就美丽五郢新道路

一、紧扣美丽五郢这一目标，探索共建共治共享的治理格局

五郢村党支部统筹推进乡村发展和乡村治理，坚持在发展中完善治理，通过完善治理来促进发展。坚持完善民主协商制度，发挥群众的主体作用。在公共基础设施建设、人居环境整治、村集体经济不断发展壮大的过程中，遇到重要事项和重大问题主动调研民意，全面落实"四议两公开"，推动形成共建共治共享的治理格局。

（一）完善公共基础设施建设

2018年，村党支部多方争取项目资金1400余万元，经村"两委"充

分酝酿、审慎严判，严格落实"四议两公开"，决定实施美丽乡村建设"设计施工一体化"工程，用于改善群众生产生活条件。一是修建了384平方米村级组织活动场所，并硬化道路7000米，实现了村内道路循环和户户通。二是全面完成村电网设施改造和自来水建设，解决了困扰群众多年的用水用电难问题。三是新建了功能齐全的文化广场，配有乡村大舞台、现代观光农业示范蔬果园、文化长廊、篮球场、老年及儿童活动中心等多种休闲娱乐场所，极大地丰富了群众业余生活。

（二）大力开展人居环境整治

一是对全村28公里的灌溉沟渠进行清淤整治，建设污水处理设施2处，铺设管网4000多米，使得全村水系畅通。二是完成了农村改厕整村推进工作，改厕率达100%，同时配合拆除村庄内无功能房屋、残垣断壁、破旧圈舍、养殖棚及乱搭乱建共4000多平方米。三是对村庄道路、沟塘及房前屋后绿化全覆盖，并建立护路、护绿、护沟长效管理机制，形成了四季有绿、季相分明的景观效果。在党员干部和居民群众的共同努力下，五郢村的环境质量日益改善，充分满足了居民群众对优美生态环境的需要，成了名副其实的生态宜居村，人们看得见山，望得见水，更记得住乡愁。

（三）发展壮大村集体经济

五郢村从打造"一村一品"特色产业，逐步形成了一二三产业共同发展的多元化产业结构，带动了群众脱贫致富。一是村"两委"通过"公司+基地+专业合作社+农户"的模式引进安徽本立生态农业有限公司，投资400余万元，发展200余亩蓝莓产业。二是争取扶贫项目，发展50亩蔬菜大棚，培养致富带头人，带动农民增收。三是投资96万元建设光伏电站，村级60kW电站一座、户用3kW电站20个，该项目每年为村集体增收6万元，为受益贫困户增收3000元/户。四是以入股分红的方式，参与总投资600万元的冷链食品经营项目，每年可获得不低于12万元的集体收入。2019年村集体经济收入为60余万元，村里设有17个贫困户优先的公益岗位，让村民更好地享受村集体经济发展带来的红利。

二、依托"1+1+X"一体化平台，完善"三治"结合的治理体系

火车跑得快，全靠车头带。五郢村党支部坚持党建引领，由省生态环境厅选派第一书记、扶贫工作队长一名，选优配强村"两委"干部和一名

选调生。通过建立一系列工作体制机制，打造"1+1+X"一体化治理平台，完善自治、德治、法治相结合的乡村治理体系。

第一个"1"是以村党组织为治理中心，推动乡村法治。一是村干部率先示范，做"学法、懂法、用法"带头人，定期开展扫黑除恶专项斗争，清除各类黑恶势力和违法犯罪行为滋生的环境和土壤。二是定期开展针对村民的普法宣传活动，邀请法律顾问、镇司法工作人员等来村开展免费普法讲座，提供免费法律咨询服务。三是设立普法专用宣传栏，及时解答村民在生活中遇到的各类法律问题，提高村民知法守法用法意识。经过日积月累地推进法治建设，村民的法律意识明显增强，自觉学法用法尊法守法。全村安定有序，形成了积极良好的法治氛围。

第二个"1"是依托新时代文明实践站，推动乡村德治。党支部围绕社会主义核心价值体系，积极组织新时代文明实践活动，大力推动五郢村德治建设。一是修建孝文化广场，通过二十四孝景墙、孝文化雕塑、德文化长廊等宣传孝文化，弘扬传统美德。二是定期举办文化大讲堂，讲述精彩的历史人物和典型故事吸引群众，潜移默化地培育乡村美德。三是积极开展全村道德模范和五郢好人评选表彰活动，发掘群众身边的先进典型。现已开展3届"文明家庭""好儿女、好媳妇、好公婆""传家训、立家规、扬家风"评选表彰活动，评选表彰五郢"十星级文明户"20户。五郢人民崇德向善，德治建设取得明显成效。

字母"X"是引导各类农村自治组织，推动乡村自治。村党支部围绕民主选举、民主决策、民主管理和民主监督四个环节，健全制度、规范程序；按照"村民群众自治"和"基层直接民主"原则，引导成立各类农村自治组织，发挥群众自治作用。成立道德评议理事会，让村民自主参与各类表彰活动的评选；成立红白喜事理事会，引导村民依法依规开展各类红白喜事，提倡勤俭节约。成立禁赌毒协会，禁止在村里开展赌毒相关的活动，净化村里的氛围和环境，提倡健康有益的文化娱乐活动；成立志愿者服务队，及时帮助村里的贫困户、困难群众、孤寡老人等弱势群体。通过基层自治组织平台，充分调动村民自治的积极性，营造良好的社会风气，形成了村民"自提、自建、自用、自管"的管理模式。

三、构建"五微一体"的实践体系，实施乡风文明培育行动

村党支部坚持物质文明建设和精神文明建设一起抓，以"文明乡村建

设"为主线，成立了五郢村精神文明建设领导小组。通过摸索实践，构建了"五微一体"的乡风文明培育体系，持续推动移风易俗，培育新时代文明乡风。

一是织密微联系。组织实施网格化管理，村中5个自然庄由包组村干"包到片，包到户"。建立村"两委"群、村工作交流群、村党组织群、村党群之家等多个微信交流群，确保干群联系紧密，政务服务便民高效，民主协商畅通便利。二是开展微讲堂。积极联系政府机构、企业院校、社会团体来村宣讲开课，开展政策讲堂、爱国讲堂、法治讲堂、道德讲堂、文明讲堂、农技讲堂、医疗知识讲堂等，引导群众学习新政策、新思想、新知识、新技术。三是点亮微舞台。通过新时代文明实践广场舞台、送戏下乡等平台，为花鼓灯、京剧、戏曲、广场舞等群众喜闻乐见的节目提供微舞台，丰富农村文化娱乐活动，弘扬中华优秀传统文化和传统美德。四是用好微书屋。建立农家书屋和图书阅览室，合理制定借阅制度，鼓励村内居民特别是青年和学生群体读书、诵书，每年定期举办诗歌朗诵、诵读经典活动。五是讲好微故事。建立发展足迹展厅，挖掘五郢历史文化，记录五郢发展故事，展现五郢变化历程，树立五郢先进典型，教育引导广大党员群众牢记初心使命。

第三节　案例总结

蚌埠市古城镇五郢村村党支部紧扣美丽五郢这一目标，探索共建共治共享的治理格局；依托"1+1+X"一体化平台，完善自治、德治、法治相结合的治理体系；构建"五微一体"实践体系，实施乡风文明培育行动，提升五郢村治理水平。总结该村经验做法，乡村治理应以增进农民福祉为导向，但从实现路径上不应只依靠农民，多元主体共建共治共享至关重要。乡村治理要秉承共建共治共享新思想，坚持中国共产党的领导，凝聚社会各方力量参与乡村社会治理，推进乡村社会治理现代化。

第十九章 安庆市黄铺镇黄铺村

第一节 村情概况

安庆市潜山县黄铺村位于天柱山南麓，是一个丘陵村，总面积 32250 亩，耕地面积 16320 亩。黄铺村下辖 64 个村民组，7238 人，下设 44 个党支部，16 个党小组，党员 218 名。原先该村是个人心涣散、负债累累的"问题村"，但现在探索出以党建引领为核心，以"三治融合"（自治、法治、德治）为基础，以"五共"（共商、共治、共管、共建、共享）为路径的"一核、三治、五共"乡村善治新路子，全域山清水秀、村貌整洁、村民和乐，处处都有美丽的风景，已经转变成一个经济富足、乡风和谐的"明星村"。2019 年，全村实现工农业总产值 1.1 亿元，固定资产 2300 万元、经营性资产 1100 万元，集体经济收入 300 万元，实现了由"负债村"向"富裕村"的历史性跨越发展，先后荣获"全国文明村""中国幸福村""全国乡村治理示范村"等数十项殊荣。

第二节 案例分析

"问题村"华丽转身"示范村"

一、坚持自治立基，汇聚民心

一是建强红色堡垒。黄铺村"两委"一班人坚持立人先立己、立己先立志，以身作则、引领示范，做到难事干部带头、大事党员示范、好事群众优先，14 年如一日用活"三会一课"传家宝，迅速把党员群众凝聚在党组织身边，村党组织的战斗力逐步增强，在群众中的威信不断提升，工作推动更加有力，成为连战连胜的坚实堡垒，激发了全体村民建设美好家园的信心和决心。

二是产业发展聚民心。经验从群众中来，智慧由群众出，村集体"搭台"，但"戏"让群众来唱。为做大做强，村党委提出了"规划引领、村社一体、村企共建"的发展思路，编制了"双环并举"的发展规划，内环打造景点式新型农村社区，外环分片建设产业示范区，发展特色农林产业。成立锦绣农业专业合作社和锦绣家园农林有限责任公司，将农户土地和林地流转到合作社，重点发展花卉苗木等稳定可持续产业。

三是民主议事。将"四议两公开"拓展为"五议三公开两参与"，村有监督委员会，组有村民理事会，重点围绕"基层党建、产业发展、村庄建设、文明新风、法治调解、服务生产生活"等六个方面开展服务群众工作。美丽乡村建设哪里选址？农村"三变"改革如何起步、推进？干什么由群众提议，怎么干由理事会商议，能不能干由村民代表大会审议，干得好不好由群众评议，形成民议、民建、民管、民治、民享的多层次基层协商格局，让群众真正成为乡村振兴的主角。美丽乡村建设首先征求农民意见，规划编制、前期工作、工程建设等各个环节，理事会成员全程参与，做到"村民议村民定、村民建村民管"，充分调动群众参与村庄建设的积极性、主动性、创造性，最大限度释放基层发展活力和潜力，群众建政府补，得实惠都满意。说白了，农民对关于自己切身利益和村庄长远发展的事情有了知情权、提议权、商议权和监督权，真正体现其主人地位，成为村民自治的主体力量。

"三会一课"解决了有人办事的问题，实现了党心齐、民心顺。"村社一体、村企共建"带来了抱团发展的新理念，好坏大家判，事事有人管，把群众真正组织起来，为实现乡村善治奠定了基石。如今，村集体年收入达到300万元，农民人均纯收入超过2万元，全村产业发展欣欣向荣，资源变资产、资金变股金、农民变股东，产业发展焕发乘数效应，朝着田园综合体的方向阔步前进。2018年，黄铺村"抓党建促脱贫攻坚、促乡村振兴"的先进经验得到省委重视，被作为省委1号通报全省推广。

二、坚持法治引领，树立法治风尚

如果自治是"内生力"，那么法治就是"硬实力"。调解纠纷、讨论村务要靠群众参与，更需要法律的保障，构筑底线，定分止争。

一是用法律服务定分止争。村里的大事要讲法，小事也要讲法。以前，一些老百姓有时对政策理解存在偏差，有矛盾纠纷也不知道如何处理，就容易出现上访情况，此类的问题始终困扰着基层政府。近年来，黄铺村推进依法治村有序开展，推出了"一村一警"等接地气的服务组织，设立村法律顾问，除普法宣讲推动全民守法外，还免费提供法律咨询和纠纷调解，对村集体重大决策、重要合同进行"法律体检"，成为依法治村的重要力量。

二是融法治引导潜移默化。民力无穷，创新的法治力量在黄铺村涌现。村干部个个上讲台，充分利用新时代文明实践所、扶贫夜校宣讲平台，用身边的事教育身边的人，以案释法，营造学法、尊法、守法、用法的良好氛围，形成百姓崇法循法行动自觉。

三是村务监督落细落实。结合实际修订村规民约，相继成立了监察委员会、纪律检查委员会、党风监督小组等组织，挑选一批为人正派、作风优良、遵纪守法的村民代表为组织成员，强化村务、财务监督，让"小微权利"在阳光下运行，让更多的村民成为村内事务的参与者、决策者、监督者。

道私者乱，道法者治。现在，群众看得到、查得到、监督得到，法治观念深入人心，形成了"小事不出组，大事不出村，矛盾纠纷不上交"的良好局面，实现了村内矛盾纠纷的"自净"，从源头上保证村民维权可以走法律途径，以法律手段"定分止争"，让办事依法、遇事找法、解决问题用法、化解矛盾靠法的法治良序有了更加深厚的土壤。

三、坚持德治涵养，美化乡风民风

道之以德，齐之以礼，有耻且格。如何规避"大法不犯，小事不断"？自治，让村民有了参与的活力；法治，为乡村治理提供了坚实后盾；而德治，则像"春风化雨润物无声"。

一是新乡贤教化。为营造崇德向善的良好风尚，黄铺村广泛开展以"专家学者讲政策、领导干部讲发展、老党员讲传统、致富能人讲经验、先进典型讲美德"为主要内容的道德讲堂活动，制度化、常态化开展志愿服务活动，培育和践行社会主义核心价值观。充分挖掘新乡贤文化时代内涵，成立新乡贤工作室，引导德高望重、办事公道、百姓认可的老党员、老干部、老教师等贤者能人自愿参与乡村治理，实现了新乡贤文化和乡村治理的相得益彰。

二是家风强化。近年来，黄铺村大力推进家风家训建设，大力弘扬传统家庭美德，推动形成注重家庭、注重家教、注重家风的共识，让学典型、树家风成为全民时尚。刚并村时，黄铺村流传着"田难兴、地懒问，不行出去混一混"的顺口溜，村里老百姓普遍存在得过且过思想，各扫门前雪，各过各的小日子，有的村民"脚踩西瓜皮，滑到哪算哪"，甚至有人沉迷于打麻将、推牌九，缺少脱贫致富的精神头。看得见的环境在悄然变化，看不见的乡风已润入心田。如今走进黄铺村，道德讲堂、崇德尚贤廊、家风润万家映入眼帘，给村子增添了几分人文色彩。老人们悠闲地下着棋，村民见了面热情地打招呼，村里一派安静祥和的景象。

三是榜样感化。抽象的道德法则空洞，具象的榜样力量无穷。黄铺村善抓典型，注重发挥榜样力量，充分挖掘、组织评选"十星级文明户"，评选好媳妇、好婆婆……人人传佳话、户户讲美德，用先进典型教育人、引导人、带动人，营造见贤思齐、向善向美的氛围，许多矛盾在无形之中得以消除。现如今，建村爱村护村成了村民的自觉行动，向能人看齐家家思富致富谋新路，向"五好"家庭看齐家家崇尚美德树新风，村民关注更多的是谁家门头上又添了"星"，谁家又上了村里的光荣榜，老百姓精神面貌发生了脱胎换骨的变化。用最美精神强化德治感化，孕育健康向上的文明乡风。

第三节　案例总结

自治固本，法治为纲，德治润心。安庆市黄铺村在党员干部和村民的共同努力下，探索出了"一核、三治、五共"的乡村善治新路子，通过自治立基，调动群众参与村庄建设的积极性、主动性、创造性，最大限度释放基层发展活力和潜力；坚持法治引领，缓解村内纠纷，解决群众问题，营造了良好的法治环境；坚持德治润心，美化了乡风民风，通过探索出一条符合实际、务实有效的农村发展之路，实现了从"问题村"到"示范村"的华丽转身。

第二十章　淮南市平圩镇林场村

第一节　村情概况

淮南市潘集区平圩镇林场村范围较小，人口较少，有 3 个村民组，729 个，是平圩镇人口面积最小的村庄。目前，村两委班子共有 3 人，党员 10 人，村域面积 1763 亩，林场村耕地面积 900 亩，水面面积 50 亩，资源比较匮乏，主要经济作物是传统种养殖业。近年来，该村党支部不断发挥基层党组织战斗堡垒作用，奋力而为，真抓实干，组织带领党员群众积极探索乡村治理新路径，不断建立健全基层组织管理新模式，乡村治理成效逐步凸显。

第二节　案例分析

写好"五个治理篇"　推动乡村新变化

一、筑牢坚强堡垒，夯实"治理基础"

以村党支部为统领，认真贯彻落实"一抓双促"工作内容，进一步完善各项管理制度、会议制度、学习制度及监督机制，不断提高为民办事效率，规范工作程序。通过座谈研讨、考察培训等多种方式认真组织党员学习领悟党的十八大、十九大思想及各项政策内容，全面提高政治素质和理论水平，大力强化宗旨观念和责任感，牢固树立党员干部敢于担当、勇于担责的奉献意识。通过党员大会实施民主议事，对评先推优、发展党员、支部建设等情况以及重大党务、重大决策、重大财务等事项进行民主讨论商议，定期研究村庄环境整治、集体经济发展、村规民约、脱贫攻坚、乡村振兴等党员群众关心关注的重要问题，努力做到议事过程充分体现民主、议事结果充分体现共识。每年开展一次"党性体检"，采取支部点评、党员互评、群众测评的方式，对党员履职尽责、作用发挥情况等进行评议，对党性亚健康、不健康党员及时给予教育引导、结对帮扶、跟踪关注。特别是针对外出流动党员、年老体弱党员等，落实"1+1"组团帮带制，采取送学上线（在支部微信群里定期推送理论政策、发布重要信息）、送学上门、春节等特定时段集中研学等方式，进行专题辅导，不断提升综合能力，为乡村治理打下坚实理论功底、提高实战水平。

二、注重思想引领，武装"治理阵地"

紧密结合林场群众大多数为孔子后裔的有利条件，以儒家思想精髓"仁、义、礼、智、信"陶冶广大村民的精神家园，凝聚村民价值共识、化解乡村社会矛盾、规范村民行为等道德治理功能，大力提升村民精神文化水平和乡村社会文明程度，化解各种矛盾和冲突，实现乡村善治有效。深入开展社会主义核心价值观教育，创新开展道德讲堂、传统美德宣传等实践活动，结合当前农村的一些生活典型事例深度剖析，引导建立崇德向善的激励约束机制，大力弘扬优秀传统文化。成立移风易俗工作小组，明确红白理事会监督协调负责人，充分调动和发挥党员模范带头作用，循序渐进培养良好风气。充分利用广播、宣传栏、戏台进村、电影进村等多种形式大力加强思想引导工作，寓教于乐，丰富群众精神文化生活。召开群众会、广播会，引导和吸引群众广泛参与乡村治理，引导村民自我教育、自我管理，培育文明新风，营造浓郁的乡风文明氛围，为乡村治理打下坚实的思想基础。

三、激活自治能力，保障"治理长效"

紧扣当前农村工作新形势新特点，研判实际，综合资源，通过宣传培训、走访座谈、征求意见等方式把部分群众、退伍军人、驻村企业负责人、致富能手等多方人员动员起来、组织起来，积极参与村公共事务的治理和各项重点工作的推进。分别组建了产业发展党员示范组、生态环境巡查组、应急防控巡逻组、移风易俗工作组、退伍军人服务组、新乡贤理事工作组、矛盾化解调节组等 7 支队伍共 42 人次，几乎将村重点工作任务全部分解到人、落实到人，做到人有事干、事有人干。及时将村规民约制定成册，一户一本、一年一修、全家研读、共同遵守，定期召开广播会通报村规民约遵守情况，极大地保证了乡村各项治理工作良性循环。通过群众自发参与"美丽庭院""十星文明示范户"等活动评比，村民参与自治的积极性和实效性不断凸显。

四、探索产业转型，增强"治理活力"

以整体规划建设提升为引领，结合本村产业发展现状，把生态休闲观光农业放在优先位置，确保产业兴旺与生态发展统筹兼顾，实现产业振兴与乡村治理协调推进，逐步打造油桃采摘园、长毛兔观光、稻虾稻鳅稻鱼共作生态基地、富硒米基地四大板块。不断盘活村"三资"管理，持续推进"三变"改革，大力提升集体土地沟塘流转、村集体经济发展专项资金入股等村集体收益。根据村集体收入情况及特色产业实际双向指标设立村特色产业发展专项奖励基金，引导群众在驻村特色企业的示范带动下积极从事各类特色种养殖发展，大力推动农村产业转型步伐，村民增收渠道日趋多样。

五、实现村美民安，优化"治理环境"

紧扣生态、绿色、观光、宜居的总目标，以人居环境整治暨"五清一改"为重点，坚持宣传引导，注重氛围营造；坚持责任压实，注重政民企三方联动推进；坚持长效推进，结合实际，注重重点突破攻坚；坚持措施细化，注重阶段目标任务落实；坚持活动创新，注重行为习惯改变；坚持量力而行，注重绿化美化提升，以攻坚战的决心实现人居环境全面改善。坚持"安全第一，预防为主，综合施策，治理有效"的目标，建立完善矛盾风险调处机制及责任落实机制，努力做到小事不出村、大事不出镇、矛盾不上交。认真开展扫黑除恶专项斗争，坚决做到"黑恶必除，除恶务尽"，对重点群体开展"问题"和"苗头"的双重梳理和摸排，铲除黑恶势力生存土壤，切实为社会大局稳定"保驾护航"。认真开展宗教政策法规宣传，坚决揭露、批判、抵制非法宗教活动和宗教极端思想，党员争做抵御宗教极端思想渗透的排头兵，确保非法宗教活动不入村、零发生。

第三节　案例总结

　　淮南市林场村充分发挥基层组织在社会治理中的作用，结合实际推动实践，紧紧围绕群众所想、所急、所需，努力转变干部作风，提高干部工作水平。注重思想引领，引导村民自我教育、自我管理、培育文明新风。激发自治活力，引导群众迈向富裕生活，更好解决群众实际需求。结合该村实际现状，探索产业转型、促进农民增收。扫黑除恶，营造浓郁的乡风文明氛围，描绘出了一幅"管理民主、乡风文明、自治健全、产业发展、村美民富"的新农村画卷。

第二十一章　淮北市双堆集镇芦沟村

第一节　村情概况

淮北市芦沟村位于濉溪县双堆集镇西部，是一个以农业为主的大村，主要种植小麦、玉米等经济作物，土地肥沃，小麦、玉米质优，纯正高产，远销全国各地，被列为农业农村部（小麦）高产示范基地。现有人口4645人，村域面积15000亩，耕地面积12523亩，下辖23个村民小组，20个自然庄，3个党支部，11个党小组，99名党员。早些年这里既没有村办工业，也没有区域优势，农民仅仅是解决温饱。而如今，芦沟村采用"六新"理念加快推进新农村建设，努力实现产业发展得到新提升，农民生活再上新台阶，乡风民俗展示新风尚、乡村面貌呈现新变化，乡村治理健全新机制的目标，这个小村庄已变得景美、民富、业兴。

第二节　案例分析

"六新之举"推动乡村蝶变展新颜

一、建设方法新

芦沟新村在建设过程中坚持"群众自发、集中规划、整村推进、自筹自建"基本原则，独创了"四自"（自发、自愿、自筹、自建）和"五统"（统一领导、统一认识、统一规划、统一施工、统一管理）工作法，并实行村委班子成员带头、党员带动，率先起步建设。建设过程中采取"农民自主十户联合，按号抽签确定栋址，自筹资金自购材料，自己管理自建一栋"的办法，村委成立一部三组，负责规划执行和质量监督，在保证质量的同时节约了大量土地和资金，实现了从"零散农村"到"乡间花园"的转变。

二、环境设施新

芦沟村在新村建设过程中一直坚持把公共配套建设完善摆在突出位置。芦沟村的新村"二纵四横"硬化混凝土路面3万多平方米，绿化面积2102平方米，太阳能路灯600盏，另建有新村广场、卫生室、敬老院、公共厕所、公共浴池、农家书屋、塑胶跑道等公共设施，住宅内水、电、沼气、有线电视等设施配备齐全。发展了商店、超市、浴池、酒店等服务设施，让群众足不出村即可享受完善的生活服务。教育方面实现了从幼儿园到初中教育系统全覆盖。新的面貌让芦沟人的生活更加舒适。

三、致富手段新

芦沟村党支部书记带领村两委一直把增加村民收入放在工作的中心位置。葛书记带头创业致富，为村民做了表率，同时他带领村两委利用新村建设节约的土地资源，成立绿丰谷物种植业专业合作社，大力发展紫薯、香瓜、反季蔬菜等特色农业，修建蔬菜大棚200余栋，为村民一年增收近万元。此外，芦沟村利用全县"小老板培育工程"优惠政策和新村建成后新增的150处门面房，鼓励村民发展粮食收购、家电销售、日用品超市等商贸服务业，积极培育口罩厂、电子厂等小微企业，大力发展观光旅游农业，建立"芦沟村新农村农家乐生态园"。改变了以往单向土地要钱的经济收入方式。

四、生活观念新

芦沟新村一期建成后，完善的设施，优美的环境，齐全的生活服务，让许多村民感到农村不比城市差，他们改变了一味到城市打工、买房的观念，开始在自己的村子里建房、买房、做生意。此外，先进的塑胶跑道，齐全的建设器材，集餐饮、休闲、娱乐为一体的生态园和宽敞的文化广场使村民的生活丰富多彩，改变了过去单调的生活。现如今芦沟新村二期建设已经开始，芦沟村的生活更加幸福，芦沟人比以前更加自信。

五、干群关系新

村两委班子精诚团结，关注民生的工作方式受到群众的高度认可，村干部乐于助人，工作态度认真诚恳。村民和村干部打成一片，可以说心里话，有事商量着办。开放式村部成了大家谈心、解决问题、学习交流的地点，干群关系焕然一新。

六、发展理念新

芦沟村以农村环境整治为切入点，依托文化、旅游、产业等带动村级经济发展，以产业发展助力乡村治理工作。

（一）加大环境整治

由于芦沟村是农业大村，乡村清洁工作一直是个难题，结合芦沟村的实际，芦沟村将建设专门的晒谷场等农产品加工场地，以分开生产区和生活区。生产生活垃圾采取"户集、村收、村运、镇处理"的模式，实行集中无公害处理。建立村垃圾处理保洁队伍，环卫设施和工作制度，确保垃圾处理实现完全覆盖。按照"拆、清、整、建、管"的要求，全面清理乱搭乱建、乱堆乱放及车辆乱停乱放等现象。统一规范设置户外广告、门头招牌。完善环卫基础设施，实现村内环境卫生全天候保洁和芦沟村村内建筑物出新，实现亮化工程。营造了一个整洁有序、生态宜居的农村人居环境，村容村貌焕然一新。2019 年被评为省级美丽乡村示范村。

（二）培育特色文化

充分挖掘双堆集镇红色文化旅游以及乡村农家乐休闲旅游价值，按照保护为主、合理布局、适度开发的思想，结合我村实际，建设特色农耕文化馆 1 个、村民文化广场 3 个、特色民俗牌坊 2 处、村民室内活动场所 1 处等，初步形成独居芦沟特色的乡村文化氛围。

（三）培养职业农民

按照实际、实用、实效的原则，积极开展新农村建设培训班，在镇政府统一安排下，重点开展适用技术培训，使受训农民掌握种植养殖适用技术，提升培训实效，培养有文化、懂技术、会经营的新型农民。2019 年全村参训农民就有 1000 多人次。

（四）提高村民收入

芦沟村结合反季节蔬菜、瓜果种植，扶持村民自主创业，同时谋划发展休闲农业与乡村旅游业。以芦沟村农家乐生态园为基点，发展观光旅游农业，推进芦沟村第三产业的发展。着力培育和打造农业观光型、娱乐休闲型的特色村。打造观光型、休闲娱乐型采摘园2处，有力提高了农民收入，带动当地旅游业的发展。

第三节　案例总结

淮北市芦沟村在美丽乡村建设上，采用"六新"工作理念进行乡村治理。建设方法上独创"四自""五统"，实现了从"零散农村"到"乡间花园"的转变；完善公共配套设施，改善群众生活服务；建合作社发展特色农业、小微企业、观光旅游农业等，创新致富手段，促进农民增收；改变传统的生活观念，转变干部作风，干群关系焕然一新；以农村环境整治为切入点，依托文化、旅游、产业等带动村级经济发展，以产业发展助力乡村治理工作，打造出了环境优美、幸福美好的农民群众生活家园。

第二十二章　阜阳市代桥镇刘寨村

第一节　村情概况

阜阳市界首市刘寨村位于代桥镇政府所在地东部，距代桥镇 4 公里，全村人口数 3463 人，村域面积 34950 亩，耕地面积 3435 亩，自然村 11 个，村民小组数 17 个，户数 831 户，村党总支 1 个，党支部 2 个，党员 65 人，村民代表数 60 人。刘寨村按照"党建+生态+善治"的工作思路，立足两湾国家湿地公园和 3A 级旅游村，深挖水寨文化人文资源，以党建带群建，引导群众自治；以水的柔美涵养人之善行，引导人与自然和谐相处，实现偏远乡村逆势而上，乡村环境大变样、村民面貌大变样。

第二节　案例分析

打好皖北水乡牌　书写治理新篇章

一、坚持党建引领，完善治理网络

实行"1+1+3+N"模式，即 1 个党总支、1 个村委会、3 个中心（党群服务中心、综治中心、文化活动中心），N 为延伸组织及其他组织。全村现有党员 57 名，设立党总支 1 个、党支部 2 个、党小组 6 个，发挥党组织战斗堡垒作用和党员先锋模范作用。在党组织和村民委员会之下，全村依托综治中心，实行网格化管理，分为三级网格，中网格 1 个，由村党总支书记任网格长、治调主任任副网格长；小网格 7 个，由包片干部任网格长；微网格（即十户联防）69 个，由党员或群众代表任网格长（户长），网格长负责政策宣传、矛盾纠纷化解、治安联防、平安创建等工作。为解决外出务工人员较多问题，推行"互联网+"，建立平安微信群 12 个、人员 1262 人，通过群内发布政策信息、回应群众咨询，方便干群沟通。发挥村党群服务中心作用，把社会保障、养老、民政、退役军人等业务实行一站式协助办理，村干部轮流值班，实现首问负责制，一办到底。村级文化活动中心分为图书室、阅览室、农民网吧、器材室、会议室，配备图书、乐器、音响设备、计算机等物品，文化广场有舞台、体育健身器材、宣传栏等，每年开展送文化下乡、送电影下乡、健步行等文体活动 30 多场次，基本满足群众精神文化生活需求。

二、聚焦生态品牌，推进乡村变样

（一）编好村庄规划

根据《代桥镇总体规划》（2015—2030 年）、《两湾国家湿地公园总体规划》《九龙口服务区及一期旅游项目规划》等内容，村集体组织编写了《刘寨村旅游规划》，充分结合辖区内整体风貌和资源优势，注重村庄生活、生态、生产空间布局科学合理，多方面体现出现代农村元素，形成了多规合一的村庄规划。

（二）整治人居环境

农户使用无害化卫生厕所普及率在 95% 以上，没有露天粪坑或卫生条件较差的简易厕所；在保护优先的前提下，对传统古村刘寨自然村，建设化粪池进行处理。把全村所有沟塘全部治理一遍，黑臭水体得到有效治理，村域范围内无明显黑臭水体；生活污水通过农户自建下水道得到有效管控，无厕所粪污或畜禽粪污直接外排现象。通过购买服务方式，推行保洁市场化运作，道路两侧、村庄内放置垃圾桶，引导群众实行垃圾分类放置，有专门人员负责垃圾收集和清运，村庄内环境干净整洁，没有暴露和积存垃圾。全村森林覆盖率在 30% 以上，被评为省级"森林村庄"，落实林长制、明确村级林长和护林员的护绿职责机制，在湿地公园、风景林基地等重点生态区安装林长制公示牌，做到巡林经常化，确保林业资源不被破坏；完成辖区内古树名木调查、建档和保护，经省级林业专家鉴定，对 2 棵河柳（三级）进行了挂牌、安装了护栏，有效地保护树木正常生长。为保持田园清洁，组建了一支 25 人的公益性岗位人员清洁队，定期对全村范围内田间地头及河道沟渠进行巡逻，收集农药瓶（袋）、废弃农膜等垃圾，排查清理垃圾堆放点或河沟垃圾，达到了现代田园清洁标准。

（三）改善基础设施

自来水管网实现户户通，村民安全饮用水普及率达到100%。实现通村组道路全部硬化，村内道路硬化率达92%，基本实现户户通水泥路。村内主干道和公共场所照明设施齐全，自然村照明覆盖率达80%，且有专人维护。农村电网改造全部完成，户户都能正常用电。村内有幼儿园、小学各1所，超市3个，电商服务网点1处。光纤宽带已全部接连到每个自然村，实现4G网络全覆盖，无盲区。

（四）推动产业发展

结合两湾国家湿地公园的资源优势，因地制宜发展特色种植风景林、乡村旅游、农产品采摘、林下养殖、电子商务等乡村产业，形成一村一品的产业发展新格局，村集体经济年收入达26万元，农村常住居民人均可支配收入达到10340元。

三、推行善治文化，涵养乡风文明

该村自古有抵御外来入侵的历史，水寨文化底蕴深厚，村民团结意识强烈，注重挖掘保护和传承优秀农耕文化，挖掘刘寨的古寨河、张渡口的渡口遗址等乡村历史文化，带动新时代乡风文明。积极开展移风易俗、弘扬时代新风，建立完善"四会一约"，即村民议事会、禁毒禁赌会、道德评议会、红白理事会和村规民约，以村干部、老教师、乡贤、老党员等16人为成员，发挥村规民约约束性作用，协助管理村级事务、引领乡风文明，教育引导群众尊良俗、去低俗、除恶俗，有效遏制大操大办、厚葬薄养、人情攀比等陈规陋习，既节约开支，又能增进邻里感情，共劝导群众红白事简办23起，节约资金38.6万元，评树推报"好人""好媳妇""好婆婆""乡贤"等典型53人。现有党员志愿服务队1个，成员22人；退役军人志愿服务队1个，成员17人；群众志愿服务队1个，成员63人，参与关爱留守儿童、关爱老人、清洁家园等各类志愿服务活动1870多人次。

第三节　案例总结

　　打好生态牌，做好水文章。阜阳市刘寨村党总支坚持党建引领，充分发挥基层党组织的战斗堡垒作用和党员干部的"头雁"效应，构建"党建+生态+善治"模式，引导群众通过"四会"、网格化等组织实现自治，引领乡风文明，合力绘就美丽乡村新风貌，给群众带来更多的获得感和幸福感，构建和谐美好乡村，为全面实现乡村振兴赋能添彩。

第二十三章 芜湖市沈巷镇八角村

第一节 村情概况

八角村位于芜湖市鸠江区沈巷镇中西部，村域总面积 22500 亩，耕地面积 4269 亩。下辖 17 个村民组，1214 户，下设 1 个党支部，8 个党小组，党员 82 人，总人口 4665 人。八角村在村党总支的带领下，通过采取行政村与自然村（村民小组）两级协同议事，创新"一体共治机制、两层共治机制、五社共治机制"，将资源下沉为村民自治赋能等举措，有效提升了乡村治理水平。

第二节 案例分析

构建"两层级" 创新"三机制" 推动乡村治

一、党建引领，下好乡村治理"一盘棋"

八角村党总支坚持乡村治理一盘棋思维，通过加强党总支自身建设，贯彻从群众中来，到群众中去的方针路线和工作方法，以农村社区协商治理为切入点，坚持以村庄问题和居民需求为导向，实现了八角村乡村治理体系的初步构建。在这个过程中，八角村党总支形成了党建引领的"三个建设"优秀经验。

（一）党建引领的主体建设

做实"三会一课"制度、广泛开展"双向承诺"、建立党员先锋岗、倡导党员志愿服务、建设党员好人事迹场所、加强党性修养和党性锻炼、加强党员教育管理，提高八角村党员的主体意识和责任意识，发动党员参与八角村服务型党组织建设，鼓励党员深入群众、组织群众、教育群众、服务群众。

（二）党建引领的组织建设

一是加强党员大会、党总支委员会、党员议事会、党小组建设。切实做到有群众的地方就有党组织，发挥党组织在行政村、自然村和村民小组各项建设中的领导作用；二是鼓励和支持普通党员就近就便发动广大村民群众组建各种类型的行动小组或行动委员会，例如，治安巡逻小组、村庄保洁小组、关爱"三留守"人员行动委员会等。

（三）党建引领的机制建设

一是党建引领的项目化运作机制建设。在村党总支的领导下，建立乡村治理项目化运作制度。二是党建引领的参与式治理机制建设。在村党总支的领导下，制定社区工作协商委员会、党员议事会、村民理事会等会议规则，引导党员群众积极参与乡村治理工作。三是党建引领的利益化激励机制。建立村协商志愿者积分管理办法，激励党员群众工作的积极性。

二、问题导向，构建社区协商"两层级"

在八角村党总支的领导下，八角村的社区协商工作坚持以村庄问题与村民需求为工作导向，通过引进农村社区协商的先进理念和管理办法，不断推动协商平台、协商制度、协商组织、协商主体、协商项目的建设，结合村庄实际推进农村社区协商和村民自治的各项工作，形成了行政村与自然村（村民小组）两个层级相结合的农村社区协商新格局。在这个过程中，八角村形成了农村社区协商的"五化"优秀经验。

（一）协商平台可视化

八角村在村级层面搭建了村民议事厅、党群之家和党员议事室等协商平台；在自然村和村民小组层面组建村民理事会，搭建了"党群议事点"工作平台，在社区协商平台中，将"民事、民议、民决"等一系列协商民主标语上墙、入橱窗，让群众到村委会办事，随时随地感受到"协商于民、协商为民"的氛围。真正实现协商平台可视化、协商氛围可感化。

（二）协商工作制度化

根据中央、省市、区有关文件，结合八角村实际，出台了《八角村社区协商工作手册》《八角村示范社区建设操作方案》《沈巷镇八角村村民理事会章程》等一系列规章制度，为八角村社区协商工作常态化和规范化进行保驾护航。

（三）协商运作组织化

协商组织是进行农村社区协商建设必须依托的主体。八角村先后建立了村民理事会和社区协商组织10个，其中：八角村社区工作协商委员会1个，八角村党群之家志愿者服务队1个，自然村村民理事会8个。通过开展社区协商，成立了八角村社区社会组织联合会，依托社会组织联合会培育了清洁家园服务队、半边天服务队、龙舟队等村民组织。

（四）协商主体多元化

八角村着力构建以乡镇、村党组织、村民委员会、村务监督委员会、村民小组、社会组织、村民以及其他利益相关方为共同参与主体的协商格局，协商中注重将威望高、办事公道的老党员、老干部、群众代表，党代表、人大代表、政协委员以及群团组织负责人、社会工作者吸收到社区协商中来，提高了议事协商的广泛性和针对性，增强了多元参与主体的治理能力。

（五）协商成果项目化

协商成果落实主要通过项目化运作的方式来实现，"项目化"是指通过开展社区协商形成社区项目，由社会组织联合会培育的村民组织在党组织的领导下承接项目的村民自治方式。目前八角村已经通过项目化方式完成的项目有：王村路灯修建项目、义务大扫除项目、协商制度通过项目等；正在积极推进的项目有：东桥村活动室建设项目、五个示范点人居环境治理项目、油坊村活动室选址项目、中西埂村土路铺砂石项目、大易村公厕修建项目等。

三、资源下沉，打造多元共治"三机制"

在推进乡村治理工作的过程中，八角村将为民服务活动经费下沉到各党支部和各村民理事会，将服务平台下沉到各自然村和村民小组，将村干部、专业社会工作者等人员下沉到一家一户。通过自治资源的下沉，村社内资源配置得到优化，实现了为村庄多元共治的新局面赋能，公共服务和公益服务事项就近就便解决，做实做强了党组织和农村自治组织的服务功能。在这个过程中，八角村形成了"三个共治机制"优秀经验：

（一）"一体共治机制"建设

不断完善村党总支、自然村党支部、村民小组党小组纵向协同共治，不断完善村党总支和驻村单位党组织的横向协同共治，打造了村社范围内党组织共同参与社区建设的区域化党组织"一体共治机制"。

（二）"两层共治机制"建设

不断完善社区工作协商委员会、党群议事之家志愿者服务队、村民理事会的工作联动机制，打造了行政村层面、自然村（村民小组）层面共同参与乡村治理的"两层共治机制"。

（三）"五社共治机制"建设

在党总支的领导下，着力把党员和村民组织起来，切实推动八角村社会组织联合会建设，培育各类组织，打造了农村社区党组织、自治组织、群团组织、社会组织和经济合作组织共同参与社区建设的"五社共治机制"。

第三节　案例总结

芜湖市八角村在村党总支的带领下，以农村社区协商治理为切入点，坚持以村庄问题和居民需求为导向，形成了党建引领的"三个建设"优秀经验，实现了八角村乡村治理体系的初步构建。通过开展多个层级、多元主体的农村社区协商，充分调动了村民参与公共事务的积极性，形成了村社协同化治理、党群齐心谋发展的新局面。通过下沉自治资源，优化村社内资源配置，实现了为村庄多元共治的新局面赋能，做实做强了党组织和农村自治组织的服务功能。

第二十四章 铜陵市浮山镇浮渡村

第一节 村情概况

铜陵市枞阳县浮山镇浮渡村地处国家森林公园、国家地质公园，省级风景名胜区——浮山山麓西侧。全村面积 8.8 平方公里，共有耕地面积 4515 亩，山场面积 4565 亩，水域 1600 亩。下辖 46 个村民小组，现有人口 3653 人。村党总支下设 2 个党支部，党员 95 人。该村"两委"积极探索"村两委+理事会"乡村治理模式，广泛凝聚外出创业人士、在外工作人员以及本地创业致富能手、非公经济人士、老村干部、复员军人等乡贤的力量，充分发挥其人熟、地熟、事熟的优势，实现党组织领导下的"村事民议，村事民治"。先后荣获"安徽省生态示范村""省级森林村庄""铜陵市第七届文明村镇"等称号，并入选安徽旅游美丽乡村 20 强。

第二节 案例分析

"乡贤"赋能乡村治理

一、以乡情亲情为纽带，聚贤达人士

该村立足农村实际，以村为单位，建立"乡贤"资源库，将户籍（原籍）在本村或在当地有姻亲关系，政治上有觉悟、经济上有实力、社会上有影响，热心三农工作的贤达人士挖掘出来，以 QQ 群、微信群、手机短信平台等为媒介，定期向他们宣传家乡的发展变化，传递乡情乡事、社情

民意，使他们找到亲情、乡情的温暖，感受到浓浓的乡愁。同时，引导和鼓励各类贤达人士参与家乡发展，把人才聚集起来，在乡村治理、民主协商、调解矛盾等方面发挥作用。在浓郁的乡土文化感召下，浮渡村各组乡贤纷纷返村，为农村改革、发展、稳定出谋划策、贡献力量，形成了"反哺故土"的热潮。浮山镇浮渡村各类贤达人士先后为贫困人员捐资捐物，浮渡村民方艳外出打工拼搏后，成功创建装潢公司，每年逢端午、中秋，都回来或者委托他人向荣浩敬老院老人送温暖、慰问，该村鲍士诚长期帮助聋哑人上医院透析，并帮助其日常生产生活。

二、以严格规范为标准，建乡贤组织

浮渡村为把各级各类贤达人士组织起来、凝聚起来，扭成一股强大的力量，在乡村治理中发挥更大的作用，成立了乡贤理事会。本着奉献、自愿的原则，采取组织推荐和个人报名的方式，按照村党组织审核、乡镇复核的程序吸纳理事会会员，民主选举产生领导班子，健全工作机制。乡贤组织接受乡镇人民政府的监督和领导，以理事会的形式，协助村"两委"开展工作。2021年8月份，以该村为试点，成立了第一个人居环境治理理事会。理事会成立后，发挥了明显的作用，受到群众的认可。随即，各村纷纷筹备组建，全镇上下形成了见贤思齐、群贤毕至的良好局面。截至目前，浮渡全村已有46个村民小组按程序组建了理事会，共有会员300人，其他各组也在纷纷筹备成立。如今，成立理事会已是浮山农村最受群众欢迎的话题。

三、以共商共治为前提，抓为民服务

理事会组建起来后，积极开展参事活动，与村两委形成有益补充，发挥在基层治理中的参谋建议、示范引领、桥梁纽带等作用，有效解决了以往基层发展和治理过程中的一些突出问题，取得了初步效果。该村在推行"为民服务全程代办制"中，理事会成员充分发挥优势，积极联系有关部门为群众代办"雨露计划"、缴纳社会养老保险等事项50余件，大大缩短了为民办事时间，开辟了便捷通道。现在，群众有困难、有要求，都愿意找当地的理事会代办，"只需找一人，只进一道门"就能很快办成事。浮渡村理事会组建决策建议智囊队、创业致富导师队、纠纷调解老娘队、乡风文明督导队、慈善公益志愿队 5 支队伍，为群众服务，得到了群众的广泛支持和高度赞许。

四、以同步小康为目标，理发展思路

理事会的成立，不但在乡村治理、民主管理等方面发挥着积极作用，更在农村科学发展上做了许多实事好事。理事会会员大多是有眼光、有能力的贤人，他们利用自身在资金、技术、资源等方面的优势，积极投身于农村产业发展，并带领群众创业致富，走上了脱贫奔小康的道路。浮渡村理事会成立当天，开展了人居环境治理活动，会员发挥带头示范引领作用，帮助村里开展人居环境治理，激发村民参与农村人居环境治理的主动性。

在理事会积极宣传发动群众的同时，县镇村通过以奖代补形式，形成长效激励机制，对整治内容进行考核验收，按照考核结果给予奖励。同时制定"美丽庭院"评比细则，每月评比一批美丽庭院，评比上的每户颁发牌匾一块并奖励 300 元，极大激发了群众的积极性。理事会通过对村民治理意愿进行了详细摸底，并立足实际明确了全村人居环境治理思路，规划治理蓝图。

第三节　案例总结

乡贤文化是乡村治理的一帖良药。浮渡村以乡贤理事会这一社会组织为依托，广泛吸纳新乡贤参与乡村治理，充分发挥乡贤作用，探索乡贤参与乡村治理机制，开出了村事民治的浮渡妙方。在新时期，如何发挥乡贤文化的独特作用，助推乡村治理现代化，是一个值得思考、探索和努力的课题，而浮渡村在借助乡贤的力量，助推乡村治理现代化建设上做的这一探索与实践值得借鉴参考。

第二十五章　黄山市耿城镇沟村

第一节　村情概况

黄山市黄山区耿城镇沟村地处黄山北麓，与黄山风景区紧密相连，村内山水环绕，景色宜人。自宋末建村以来，历史文脉传承至今已有700余年，是一个千年传统古村落，村里重孝道、睦友邻，百岁老人辈出，也是黄山脚下有名的"长寿村"。全村总面积25845亩，耕地面积1700亩，11个村民组，有600户1825人。村党总支下设2个产业支部和4个党小组，党员61人，近些年来，沟村坚持把建强基层党组织作为固本之策，挖掘和传承优秀传统文化，走出一条"基层党建+孝善文化+三治融合"的乡村治理新路径。2021年沟村先后获得"省级民主法治示范村""全省美丽乡村建设重点示范村""全国森林乡村""省级传统古村落""全国乡村治理示范村"等荣誉。

第二节　案例分析

"三治融合"绘就美丽新沟村

一、党建引领强自治

（一）增强党组织治理能力

按照基层组织强、"两委"班子强、党员队伍强、群众评价优的"三强一优"要求，提升基层党组织治理能力。通过换届选举，选优配强村级基层组织队伍，实现村书记、主任"一肩挑"，村两委班子成员全部交叉任职。由乡镇党委选派一名班子成员兼任驻村党建指导员，指导和提升村级党建工作。制定村级小微权力清单，对宅基地审批、低保户申请等权力事项进行流程规范和流程公开，明确界定了村干部的责任权限，督促基层干部依法依规履职尽责。按照"四议两公开"程序和民主集中制原则对村级重大事务进行民主决策，充分听取和吸纳群众意见。设置党务、村务、财务、服务公开栏，定期"晒"在阳光下，接受群众的监督。

（二）发挥党员示范带头作用

在全村开展党员"户挂牌、亮身份、当先锋"行动，建立"1+1+X"党员联系群众制度，要求每一名党员联系 1 个贫困户、若干一般户，在村居建设、日常管理、扶贫帮困、纠纷调解等工作中，发挥党员模范带头作用。实施党员量化积分管理，既设立了参加组织生活、按时缴纳党费、服从组织管理的"基本分"，又有参加志愿服务、积极帮助群众、带头发展产业的"加分项"，通过量化积分带动党员"创先争优"。

（三）深化村民自治实践

完善"一约四会"机制。沟村"村两委"通过广泛征集村民意见，召开法律征询会，听取党代表、村民党员、联村干部、上级党委、辖区民警、法律顾问的意见和建议，制定了符合村情、操作性强、朗朗上口的《沟村村规民约三字经》，共同约定了公共秩序、乡风民俗、社会公德、邻里关系等具体要求，引导村民自觉规范自身的言行。建立了村民议事会、红白理事会、道德评议会、禁赌禁毒会等协商议事机构和机制，吸纳党员骨干、乡贤能人、热心村民担任理事成员，为村民自觉参与乡村治理搭建广阔的平台。

（四）提升乡村便民服务水平

建设村级办公场所"一体四中心"，即党群服务中心、农产品展示中心、乡村旅游咨询中心、农村电商服务中心，为村民提供线下"全程代办"和线上"智慧办理"服务，实现69项服务事项办理"不出村、进一门、跑一次"。构建了集"党建、服务、综治"为一体的网格化管理，把11个村民组600户划分为6个网格，配备网格员6名，同步建立了网格微信群，对于村民反映的民情、突发的状况，各级网格员能在第一时间收集反馈处理信息，提高便民服务效率和水平。

二、文化凝聚助德治

沟村历史悠久、文风昌盛、民风淳朴，长期形成的"孝为先""善为本""和为贵"等价值观念深入民心，起到"以文化人、以文兴村"的柔性治理作用。

（一）古为今用，从优秀传统文化中汲取"治村智慧"

注重保护传统村落原始风貌和生态肌理，通过溯源"长寿村"美誉，挖掘"孝、善、和"等美德基因，结合美丽乡村建设，修缮"百岁坊"和"百岁井"等历史遗址，新建百岁门、百岁亭、百岁广场、百岁长廊等精致景观，在村落中因地制宜布置提倡和弘扬孝善等文化的古语新句，让优秀传统文化在村落中"润物无声"。通过举办"沟村长寿文化旅游节"、开展"寿星""孝星"评选表彰等弘扬孝老爱亲的优良传统，有效根治了"农村赡养纠纷""遗产继承纠纷"等问题，"孝善文化"从根源上解决农村"赡养扯皮""遗产纠纷""厚葬薄养"的问题。"活化"利用省级文保单位"知还山庄"建成"沟村村史馆"，将村史民风、红色文化梳理展陈，成为教育村民特别是青少年的重要阵地。

（二）弘扬新风，让社会主义核心价值观在乡村落地生根

结合村居环境，通过宣传景观、宣传小品的合理布设，让社会主义核心价值观入眼入心；建设党建文化墙、新时代文明实践所、法治宣传大舞台等载体阵地，组建沟村文艺队、党员先锋队、巾帼志愿者、沟村"帮帮团"等志愿服务队伍，开展文化下乡、宣传进村等活动，组织党员群众开展新时代文明实践，让社会主义核心价值观入脑入行。发挥典型示范作用，开展"好婆婆""好媳妇""美丽庭院""星级文明户"等评选。弘扬好家风，传承好家训，引导农村党员群众诚实守信、遵纪守法。以整治"红白喜事"为抓手，着力破除陈规陋习，推动移风易俗，培育科学健康文明的生活方式，提高农民文明素质和乡村文明程度。

三、镇村联动促法治

法治是乡村有效治理的根本，也是维护农民权益、化解农村社会矛盾的根本保障。沟村常见的矛盾已经不仅仅是简单的邻里琐事纠纷、拆迁过程中的土地纠纷、进城务工中的劳资纠纷、产业发展中的经济纠纷、"三

变"改革带来的产权纠纷等,依法治村势在必行。沟村结合"民主法治示范村"建设,打通法律服务"最后一公里",形成办事依法、遇事找法、解决问题用法、化解矛盾靠法的法治乡村格局。

（一）推进法律服务进乡村

建设了法治宣传栏、法律图书专柜、法治文艺宣传队、标准化调委会、法治文化广场等法治宣传阵地。经常性邀请司法部门、执法部门进村开展法治宣传,利用群众身边的典型案例开展"以案释法"。建立村级法律服务室,邀请司法干部、法律顾问定期驻村,为群众提供法律咨询、解决矛盾纠纷。通过法律课堂等形式,对村干部、党员、村民进行法律教育培训,培养乡村"法治带头人""法律明白人""守法用法示范户"。

（二）建立镇村矛盾纠纷联调化解机制

构建镇、村、组三级联调机制,发现矛盾纠纷时,由网格员或村组长第一时间介入尝试化解并做好预警上报,力争化解到网格（组）；村级调解委员会及时介入,利用情况明、人头熟的优势,准确把握矛盾纠纷的切入点跟进化解,力争矛盾化解不出村；对于村级化解困难的矛盾纠纷,镇调委会主动介入,组成以镇司法所-村调解委-组（网格）调解员"三级调解小组",加大化解力度,力争矛盾纠纷不上交。最终依靠调解解决不了的问题,由镇司法所安排法律援助,帮助村民寻求法律解决途径。

（三）创新开展党员民警和村干部"肩并肩"双向挂职

从镇派出所选派 1 名党员民警到沟村挂职副书记,负责协助村党支部书记指导并抓实村居平安建设工作,指导开展平安创建。同时安排 1 名村干部上挂交流担任警务协理员,发挥熟悉村情村貌、民风民俗的优势,负责协助公安派出所进行治安管理,参与对婚姻、赡养、债务、邻里关系、物业管理等普通民事纠纷警情的调处工作。引导专业力量和社会力量参与法治建设,构建专群结合、齐抓共挂的乡村治安防控体系。治"安"和治"村"两支队伍"肩并肩"前行,极大增强了依法治理乡村、化解复杂矛盾等能力。

第三节　案例总结

黄山区耿城镇沟村通过发挥基层党建的核心引领作用,健全基层党组织领导的村民自治机制,引导动员党员群众和社会组织在乡村治理中各尽所职、各显其能，形成民事民议、民事民办、民事民管的自治格局；发挥优秀文化的浸润助力作用，传承弘扬孝善文化，德化教育，推动移风易俗，提高农民文明素质和乡村文明程度；发挥镇村两级的联防联动作用，营造法治环境。在这些作用的推动下，"基层党建+孝善文化+三治融合"的沟村治理模式不断成熟成型，一个"党风正、民风淳、村庄美、人心齐、治安好"的美丽新沟村呈现于世。

第四篇　产业振兴推动乡村治理

　　乡村要振兴，产业必振兴。产业振兴是乡村振兴和乡村治理的一个重要环节，产业兴旺，是解决农村一切问题的前提。乡村产业振兴，一头连着农民群众的"钱袋子"，一头连着乡村振兴的动力后劲，启动产业振兴引擎，夯实经济基础，乡村振兴才能驶向"快车道"。只有实现乡村产业振兴，才能更好推动农业全面升级、农村全面进步、农民全面发展，才能绘就出一幅农业强、农村美、农民富的美好画面。

第二十六章　马鞍山市乌溪镇七房村

第一节　村情概况

乌溪镇七房村位于当涂县东南端，地处两省（安徽、江苏），四县（区）交会处，区域面积6750亩，耕地面积2400亩。全村总人口2424人，村党总支下设2个党支部、8个网格党小组，党员69名，现有"两委"干部6人。乌溪镇七房村是农业农村部首批"一村一品"示范村，被称为"中华蟹苗第一村"，2016年七房村党总支被评为"安徽省先进基层党组织"，全省"五个好"村党组织标兵，2017年11月，被评为"全国文明村"。多年来，七房村坚持"围绕中心抓党建，抓好党建促发展"，积极探索在产业链上发挥党支部和党员的战斗堡垒和带头作用，成立了蟹苗专业合作社党支部，并建立起"党支部+合作社+农户"的管理模式，走出一条基层党建与经济建设互融互动、又好又快发展的新路子，成功把"小蟹苗"孵化成"大产业"，使乌溪蟹苗地理标识认证走向全国各地，成功带领村民走上蟹苗致富路。

第二节　案例分析

产业链上"党旗红"　"蟹苗村"里换新颜

七房村是一个特色养殖村，九成以上的村民从事蟹苗养殖。在村党组织的领导下，打造出"七房蟹苗"品牌，"小蟹苗"做成"大产业"，完成了产业强村到全面振兴的华丽"转身"，绘就了一幅"党建强、乡风美、生活富、生态优、人才兴、治理好、改革活"的乡村振兴的七房画卷。

一、村党组织领导有力

按照党建引领行动部署，七房村党总支始终把党建创新工作作为"重头戏"，在充分调研的基础上，确立了"七彩七房"党建创新品牌。在七房中心村新建了"党群微家"阵地，融合了村情村史、蟹文化展示、乡村振兴学堂、蟹苗产业第二党支部委员会等四个要素，全面展示了七房村的党建工作。几年来，村党总支加强了对党员的管理，特别在流动党员方面，采取了信息化管理，建立了流动党员微信群，实时了解流动党员去向及思想动态，通过发布村内党务公开内容以及学习文件的传达，逐步提高了村流动党员的思想政治意识。每年对党员进行星级评定，形成了比学赶超的良好氛围。通过继续教育学习和"不忘初心，牢记使命"主题教育活动，持续提升村干部履职能力，积极为群众排忧解难、办实事、办好事，发挥好教育党员、管理党员、监督党员和在服务群众中引领群众，在引领群众中服务群众的职责。

二、蟹苗引领村民致富

如何做强以蟹苗产业为支柱的第一产业，把"小蟹苗"做成"大产业"。七房村把"蟹苗产业品牌化"作为目标，探索将党组织建在产业链上。该村成立了蟹苗专业合作社党支部，建立"党支部+合作社+农户"管理模式，实行管理、采购、生产、品牌、销售、受益"六统一"，从传统种植村成功转型为特色养殖村，并注册了"七房蟹苗"品牌，成功举办了四届蟹苗节，九成以上村民走上蟹苗致富路。近年来，七房村以服务型党组织建设为抓手，探索村集体与村民利益联结机制。村党总支共有党员69名，2个支部建在蟹苗产业链上，每个合作社都有党员养殖户作为带头人，并成立党员帮扶团，推行强户带大户、大户带小户，加大对散户、弱户的技术及销售支持。随着乡村振兴战略的实施，七房村党总支加大对产业服务领域的新探索，村党组织每年组织养殖大户外出考察学习，定期召开蟹苗产业提升行动专家研讨会，建立蟹苗产业服务中心，给养殖户提供致富保障。七房村党总支通过提升产业服务，给养殖户带来了真金白银的实惠，由于合作社和服务中心提供的优质服务，养殖户降低了采购成本、提高了亩产效益、拓宽了销售渠道，全村蟹苗养殖平均亩产利润6000多元。

三、村民自治依法规范

七房村实行网格化管理，定期开展网格党小组会议，及时讨论网格内的大小事宜，切实做到"小事不出网格，大事不出村"，把矛盾化解在网格内。同时，网格内的成员注册了"智慧综治"平台，每天上报网格内的信息，为七房村的社会治理提供了快捷、方便的渠道。建立健全了村务监督委员会，完善村务决策和监督机制。规范"四议两公开"制度，明确村民代表会议、村民议事会和村务监督委员会的职责定位，真正发挥了民主监督的作用。健全"一约四会"制度。七房村在充分尊重村民意愿的前提下，制定了村规民约，并在村内主要路口、宣传墙等位置进行大力宣传。同时，成立了"村民议事会""禁毒禁赌会""红白理事会""道德评议会"，通过"一约四会"，广泛开展道德模范、身边好人等评选表彰和宣传活动，对婚丧陋习、天价彩礼等不良社会风气进行治理，推动移风易俗，树立文明新风。开展形式多样的志愿服务活动。七房村成立"七彩"志愿服务队，由村班子成员担任分队长，现已招募70名志愿者，已开展了50多次志愿服务活动，提高了村民自治的积极性，改善了村内环境。

四、法治理念深入人心

七房村经常开展法律法规宣传活动，提高村民的法律文化素养。每年在全村范围内积极开展春节期间"送法进万家"、禁毒法治宣传、环境保护法律宣传、夏季防儿童溺水宣传、扫黑除恶宣传、法律援助宣传、征兵工作宣传、秋季秸秆禁烧宣传、12·4宪法宣传等各项宣传活动。积极开展法治文化阵地建设和法治文化活动，提高村民的法治意识。该村已建成1个法治文化长廊，同时每年与镇司法所、镇法律服务所进行联系，开展"清风维权·送法进村"和"三八"妇女维权等法治宣讲或演出活动。加强队伍建设，带头尊法学法守法用法。通过对村"两委"、村法律明白人、村普法骨干进行学法用法知识培训，加强村法治队伍建设，同时发挥带头引导作用，带领村民尊法学法守法用法。近年来，村民法律意识逐年提高，已经在全村营造了浓厚的法治氛围，法治理念深入人心。

五、文化道德形成新风

为提升以德治村水平，加强乡村道德建设，七房村建设了新时代文明实践站，通过实践站活动的开展，群众的精神文化生活水平得到提高，起到了"以文化人、成风化俗"的良好效果。同时，积极配合县级部门做好"送戏下乡"多场活动，积极支持村民自发组织的文艺演出活动，以七房村民为主力队员的乌溪龙舟队，多次获得省内外各项赛事的荣誉，加强了与群众的沟通，进一步弘扬了社会正能量。深入践行社会主义核心价值观，深化开展群众性精神文明创建活动，推出一批农村精神文明建设最美家庭，助推全县"创建全国文明城市"。

六、乡村发展美好和谐

自乡村振兴工作开展以来，以为民办实事为出发点，七房村加强了村内基础设施建设，改善了村民生产生活条件。结合围乌路改造提升行动，对该村围乌路段的38户农户的简易活动房、雨棚进行了拆除，有效改观了村主干道的整体面貌。同时，通过"三大革命""五清一改"、垃圾分类试点等重点工作开展，使该村群众生产生活条件大大改善，村容面貌焕然一新。此外，谋划壮大村集体经济，推进"三变改革"，培育多元增收新引擎。围绕盘活农村水面、土地、资本、劳动力、技术等资源要素，开辟增值增效新渠道。在"三变"改革中，带领群众发展蟹苗特色产业。为使村内社会环境安定有序，七房村建立健全矛盾纠纷排查和调处工作机制，努力实现乡村安定，每月对全村范围内的矛盾纠纷和安全隐患进行全面排查，积极上报。深化农村基层综合治理，每年开展治安环境整治、反邪教警示教育、防范电信诈骗、反窃电、春季禁毒铲毒、扫黑除恶、赌博违法犯罪活动治理等专项整治活动，有效抵制黑恶势力和封建势力，维护社会治安形势稳定。近年来，该村无重大治安刑事案件、越级上访和非法宗教活动，治安形势稳定，村民安居乐业。

第三节　案例总结

马鞍山市当涂县乌溪镇七房村的治理秘钥就是把党支部建在产业链上，在产业链上唱响了党建与产业发展的"共鸣曲"。该村建立起的"党支部+合作社+农户"管理模式，形成了以能人党员带基地、以基地联系农户的产业化运作机制，实现了"大户带小户、强户带大户"，成功做到了党支部建在产业链上，党员聚在产业链上，群众富在产业链上，真正实现了产业链延伸到哪里，党组织就建到哪里。

党支部建在产业链上，不仅使基层党组织的组织力量得到了全面加强，也充分发挥了非公企业的带动作用，有效盘活了土地产业、劳动力、科技、市场等各类要素资源，极大提高了农产品品质和市场竞争力，真正实现了企业增效、农民增收、互利共赢。

第二十七章　安庆市高河镇查湾村

第一节　村情概况

安庆市怀宁县高河镇查湾村是一个有着文学文化史且民风淳朴的村庄。该村村域面积5250亩，耕地面积951亩，下辖20个村民组，380余户，人口1800多人，下设2个党支部，8个党小组，党员66人。一走进村口就看见巍巍矗立的年轻"海子"石雕像。走进查湾村，就能感受到诗一般的美丽，世外桃源的魅力，光洁平整的"村村通"和"户户通"水泥路连接着错落有致的农家小屋，处处展现出乡村繁荣景象，勾勒出一幅乡村治理美好画卷。作为天才诗人"海子"的故乡，近年来，该村充分发挥党建引领作用，将"海子文化"和乡村治理有机结合起来，实现两者同频共振，走出了一条乡村治理新路子。

第二节　案例分析

面朝大海焕新生　"海子文化"添重彩

一、挖掘"海子文化"

在乡村治理过程中，如何更深入地挖掘利用"海子文化"资源，查湾村将"海子文化"和乡村治理结合起来，走出了一条文化引领乡村治理之路，实现乡村治理与"海子文化"的同频共振。近年来，查湾村累计整合资金2500多万元，全面改善了村里的水、电、路、讯、气、污水垃圾处理等基础设施，建成美丽乡村示范点、海子文化园，既改善了群众生活条件，又为发展乡村旅游奠定了基础。初步建成了"村庄美、生活美、田园美、环境美"的美丽乡村。海子文化园项目规划用地 80.16 公顷，旅游景区的空间布局是"一轴、四区、一线"。以"一条区域体验延伸轴——怀宁教育典范轴"扩大园区空间，实现功能扩展。此外分别突出"海子故村——诗人与诗篇""海子墓园——永存与追念""查湾门襟——走出与归来""海子原乡——时光与生活"四大主题板块。在整体四大区块上利用"海子人间周游线——十个海子"构成黄金旅游线，达到区块融合、农旅融合和生态人文和谐共生的美好旅游图景。海子文化园规划以查湾村的中心村为主要核心，东至海子墓园、西至河流水系、南至主干道路、北至村庄最北，划分出若干重点旅游区块；其中近中期主要建筑范围包括海子故村纪念区、海子墓园追念区、现代诗歌展示区、古诗传承区、综合服务区等文化旅游园区。

二、打造文化乐园

口袋"满"了，脑袋如何不"空"？物质富了，精神如何富有？查湾村把文化建设作为村子可持续发展的载体，与乡村治理、经济建设、生态文明建设、社会建设一并谋划，融合实施，使文化根植于乡村治理全过程，在乡村治理中使村民增强文化自信，让乡村治理成为村民的行为自觉，不仅有效推进了经济转型升级，而且培育了新时代的新型农民。在查湾村田间地头和村庄院落，感觉不到过多的商业气息，取而代之的是绮丽的田园风光和保留完整的田园生态。通户道路，绿树成荫，置身其中宛如畅游一幅天然的田园山水图，人在画中游，特色农业与文旅相结合。在查湾村，除了海子故居、海子纪念馆等，党群为民服务中心、农民文化乐园、乡村大舞台、农民文化广场、健康文化园、法治文化园一应俱全，农民文化生活丰富多彩。

三、发展乡村旅游

环境优美了，乡风文明了，查湾村用好"文化旅游"这个抓手，摸清自家根底，因地制宜地挖掘海子文化，用乡风文明、环境美好来促进乡村旅游，用乡村旅游来提升乡风文明、环境美好，不仅提升了村民的幸福感，还吸引更多游客前来。每到春暖花开时节，镇村组织开展"春暖花开看查湾"的文化之旅，吸引更多游客前来赏景、观展、拍摄，体验田园之美和人文魅力。"美丽乡村除了有物质的东西以外，我想更需要精神层面的东西。"自海子文化园建成之后，来自全国各地的诗歌爱好者千里迢迢朝圣"海子文化"，每天人数有几百人之多，高峰时，有上千人。

第三节　案例总结

　　安庆市怀宁县高河镇查湾村围绕"海子文化"，打造乡村美、产业兴、村级强、农民富。同时演绎着变与不变的精彩，变的是发展和理念，不变的是文化与乡愁。该村强调既要守得住原生态的自然环境，也要深度挖掘海子文化，更要发展农村经济，让查湾成为"看得见山、望得见水、记得住乡愁"的精神寄托。如今，视角的转换和思想的碰撞，由此产生出来的聚光效应更加突出，从查湾村的文化和风景里，看到了一个产业发展的过程，看到了一个农村乡村治理的样本。美丽乡村除了要有物质的东西以外，也更需要精神层面的东西。

第二十八章 亳州市十八里镇蒋李村

第一节 村情概况

蒋李村坐落在"华佗故里、药材之乡"的全国最大中药材集散地——亳州市谯城区，位于亳州市中心城区西8公里处、十八里镇东南部，国家现代农业综合示范基地坐落其中。村域面积5782亩，现有人口5100人，设有3个党支部，党员101人。近年来，蒋李村以党建引领扶贫民生工程为抓手，以基层党建促产业发展，以村企合作联盟为依托，主体优势互补形式，把产业扶贫与企业带贫有机结合起来，按下了致富"快进键"，形成高效"村企联盟"产业新格局，带动村集体增收、贫困户致富，实现了村集体、贫困户、企业共赢，有力地推进了乡村振兴更好更快地发展。2019年人均纯收入达16000元、集体经济收入超过70万元。

第二节 案例分析

"村企联盟"打造美丽和谐新蒋李

在乡村治理道路上，蒋李村立足中药材这一特色资源，全力做好"药"文章，不断推出乡村治理的"良药良方"，汇聚磅礴之力，奋力向着农业强、农村美、农民富的美好愿景进发。

一、夯基固本，选优配强

蒋李村坚持把选优配强村班子作为核心和关键，努力打造一支坚强有力的"领头雁"队伍。以村"两委"换届为契机，按照选能人、用强人的标准，注重从致富能手、合作经济组织负责人、专业大户、复退军人、大中专毕业生、回乡创业的优秀外出务工人员等领域全面筛选干部。村"两委"换届后，镇党委对新当选的村班子进行集中培训，不仅加强思想政治方面的培训，而且抓好农村实用技术、法律知识等方面的培训，通过培训提高他们的思想政治素质、发展经济的能力和带领群众共同致富的能力。同时，注重加强对"两委"成员日常谈心谈话，坚持做到出现不团结苗头时必谈、群众有问题反映时必谈、工作遇到困难时必谈、受到奖励处分时必谈。积极探索以现场汇报、实地查看、群众直评、当场打分为主题的日常监管办法，确保队伍不懈怠。

二、综合施策，做强产业

近年来，蒋李村在十八里镇党委的大力支持和扶植下，依托中华药都品牌，依靠丰富的中药材资源、优越的区位交通优势、良好的发展环境和中药产业集群优势，加快发展民营企业、工业经济和特色经济，做大做强现代中药主导产业。从 2015 年起，亳州本土药企——安徽济人药业就开始与贫困村蒋李村结对，采用"公司+合作社+贫困户"的模式，流转村民土地 1000 多亩，统一规划，发展特色中药材种植，建立了良种繁育基地 1000 亩，培育亳芍、丹皮、亳菊等药材规范化种植基地，通过产业帮扶、就业帮扶、金融扶贫等方式增加贫困户收入。

三、村企联盟，合作共赢

2016 年开始蒋李村依靠协和成药业、井泉、同仁堂等大中型企业在亳药花海大世界项目中土地流转 6000 多亩，建设中药材 GAP 种植基地，带动 1400 人就业，其中贫困人口 60 余人。为了让蒋李村发展动力更足、村民生活更加美好，按照"支部+合作社+基地+农户"的发展模式，成立长运农民专业合作社，实现村集体经济增收 15 余万元；利用村集体闲置土地建设 2 座集中式光伏电站，借助此项目，该村实现村集体经济每年增收 17

万元；让花茶生产、服装加工、电子产品加工等劳动密集型企业进驻扶贫驿站（车间），该村通过扶贫驿站的租赁，每年可增加 25 万元的集体收入；另外，该村通过为企业提供劳务输出等服务，每年还可增加集体收入10 万元。

四、支配合理，受益于民

合理分配和使用收益是发展壮大村集体经济的内生动力。蒋李村将村集体经济收入分成三部分，其中 25% 用于扩大再生产；40% 用于贫困户临时救助；35% 用于公共基础设施建设，如改善村级活动场所，实施道路硬化、农电改造、人畜饮水、环境绿化等工程。集体经济收益有留存部分和公共设施建设部分，这样，既激发了村集体经济发展的活力，又使村民得到实惠，赢得了群众的支持和理解。在多方共同努力下，蒋李村先后被授予"市、区先进基层党组织""市综合治理工作先进单位""全省美丽宜居村庄""全省美好乡村建设模范村""全国文明村镇"等荣誉称号。村党委书记孙红岭 2016 年 6 月被评为全省优秀村党组织书记。

五、规范服务，强村富民

依托十八里镇网上党组织平台，目前蒋李村建有手机微信群和 QQ 群各一个，与镇党组织管理服务平台相互衔接，能够较好地起到"凝聚人心、服务群众、反映诉求、大事决策"的作用。同时积极开展村级数字化阵地建设，保障各项组织制度有效落实。通过"百企联百村"强村富民工程，与协和成药业结成帮扶对子，促进村集体经济发展。

六、长足发展，愿景美好

蒋李村将利用亳药花海项目产业优势，打造养生、休闲、旅游特色产业，做好乡村旅游的文章，把"养生文化、农耕文化和旅游文化"相结合，通过开发特色休闲观光乐园，将蒋李村打造成为养生休闲旅游示范点。在以发展壮大农村集体经济为主保护环境的同时，增加农民收入，力争发展村集体经济达到年收入 100 万元，进一步带动农民增收致富，实现乡村振兴。

第三节　案例总结

　　亳州市谯城区十八里镇蒋李村依托中药材这一特色资源，以互利共赢的理念实现了村企共同发展。回顾该村的乡村治理路，村企合作联盟时，既要根据企业自身的能力和特点，又要结合村子自身的资源禀赋，需要二者在党员管理、乡风环境、乡风文明、民生事业等方面共同努力，才能走出一条"乡村有新貌""企业获发展""村民得实惠"的道路。

第二十九章　池州市七都镇高路亭村

第一节　村情概况

　　高路亭村位于"中国原生态最美山乡"池州市石台县东部，距今已有1200年历史，村内有皖南地区保存完好的徽派古民居和古作坊群，是著名的"酒曲之乡"，也是国家住建部命名的"中国传统古村落"。该村交通便捷，国道 G530 贯穿中心村。全村面积为 34245 亩，耕地面积 872 亩，下辖12 个村民组、406 户、1254 人，下设村两委干部 4 人，村民组长 12 人，党员 47 人。近几年来，该村坚持因地制宜、因村施策，通过采取保护古村落整体空间，完善古村落基础设施，优化宜居宜游环境等举措，走出了传统古村落保护开发和乡村振兴两者兼得的新路子，让千年古村焕发了勃勃生机。

第二节　案例分析

千年古村落　醉美高路亭

　　古村落是氏族繁衍生息的摇篮，是建筑演变发展的体现，它展现了历史风貌，延续了历史文脉。在乡村治理过程中，如何保护好、开发好、利用好传统古村落这一"祖先遗产"，从那些封存的记忆中挖掘出适合当地的可持续发展治理之路，努力让两者有机融合、相得益彰，石台县七都镇高路亭村给出了答案。

一、保护古村落整体空间

高路亭村始终坚持"政府引导、村级推动、群众参与、因地制宜、注重实效"的原则，将古村落保护建设作为乡村旅游景点来规划，将村民意愿作为规划项目重点，将发展产业作为村民增收渠道。先后编制了《七都镇村庄建设布点规划》《高路亭乡村治理建设实施方案》和《高路亭乡村治理中心村建设总体规划》。

高路亭村规划传统的街巷布局古建筑只能修缮，不得改建，更不能擅自进行新建活动，高路亭村挂牌保护的古民居第一期、第二期项目已按徽派建筑风格全部修缮完工；村民新建、翻建的房屋必须符合古村落保护规划，其体量、高度、色彩必须与古村落历史风貌相协调，禁止建设影响古村落环境风貌的建筑。同时加强监管，形成合力严厉查处任意拆除、改建、新建等违法行为，对现有损害古村落风貌的障碍性建筑，逐步予以拆除和改建。

二、完善古村落基础建设

针对高路亭传统古村落现状，需要优先改善村落居民基础设施。既要保证设施位置隐蔽，形式协调，避免对建筑和环境的破坏，又要尽量满足村民生活和文化旅游发展需求。通过乡村治理建设，古村落内的道路以青石为主全部硬化，主干道及公共场所都安装了路灯，并安排专人维护，极大地方便了村民的出行；农户安全饮水普及率在到100%，水质符合国家标准，水压水量满足村民生活需求；古村落内进行入户电线地埋整治，用电安全可靠；通信网络通村到户。在公共服务设施建设方面，高路亭中心村建有党群服务中心，具备为民服务全程代理、科技信息及就业服务、群众议事等便民服务功能，村内建有卫生室、图书室、文化乐园和便民服务超市。

三、优化宜居宜游环境

高路亭古村落注重环境整治，中心村共完成"四旧"拆除面积1900余平方米；完成沟塘清淤210余平方米、路障清理184项、垃圾清运25吨等"四清"工作，目前整村的垃圾收集和清运工作安排已外包给企业负责；完成中心村房屋的屋面改徽建设；完成卫生改厕53户，普及率达90%以上，无露天粪坑和简易茅厕；完成中心村绿化7500平方米。通过一系列的整治工作，村庄房屋整体布局错落有致，村容村貌明显改观，徽韵田园特色突出，同时制定了《环境整治工作实施方案》《村民公约》《门前三包》《卫生保洁制度》《绿化管护制度》等长效管护机制。

高路亭村在保护古村落、保护田园风貌的基础上，完成中心村河道整治，修建了观光环河青石板路面2000米。新建4座亭廊，修建了山顶观景平台，旅游公厕3座，停车场2处，民宿1家，下一步进行环河青石板路面亮化工程和大夫地旅游停车场建设。连续两年举办"人醉黄花地、麯香高路亭"油菜花摄影节并在媒体平台上报道宣传，提高了本村的知名度和美誉度，吸引了大量喜爱古村徽韵的旅客游玩观赏。

四、发展乡村旅游经济

结合高路亭古民居和酒曲非遗产品，逐步发展旅游业，拓宽农民增收渠道，以"高露亭"为主品牌的一系列特色农产品加工业，大幅度提高了村民就业率。一是成立七都镇高路亭村家庭农场，目前注册品牌有高露亭富硒米、高露亭硒米酒、集山云尖茶叶等；二是引进安徽硒乡文化有限公司，目前有土灶锅巴、特制辣椒酱、红薯粉丝等农特产品；三是依托高路亭村古民居悠久的历史文化，生产历史悠久、享誉盛名的高路亭酒曲，并规划建设古作坊群，对酒曲坊、米酒坊、油坊、豆腐坊、米坊、面坊、茶坊等进行保护和开发，恢复历史传承；四是结合生态旅游发展，盘活闲置资产，挖掘旅游资源，与鱼龙洞、太平湖等景区串点成线，融入西递、宏村、九华山、黄山大旅游圈。推动乡土资源优势向经济优势转变，让乡村治理成效凸显。

五、提升乡村治理水平

高路亭村党组织不断丰富和完善党务、村务、财务公开内容，扎实开展三级联创、双培双带先锋工程、为民服务全程代理等活动，推行"四议两公开""党员活动日"和党员议事会、村民理事会、监督委员会等民主决策制度，在古村落保护和开发治理过程中充分听取和采纳村民好的建议和想法，提高村民的参与度和满意度。高路亭村积极宣传新时代新作风，移风易俗，促进村民风气的改善；积极开展有裨益的精神文化活动，在村民的共同努力下举办"人醉黄花地、麹香高路亭"油菜花摄影节，还利用文化乐园活动广场经常性地开展篮球、乒乓球、广场舞等娱乐活动，丰富村民的精神文化生活。唤醒村民保护古民居、继承发扬乡村传统文化意识，焕发古建筑和技艺的活力，让乡村文化得以流传，让乡村治理能够顺利推进。

第三节 案例总结

在保护中利用，在利用中保护，池州市石台县七都镇高路亭村这一千年传统村落由此实现了静态保护向活态传承转变，成了乡村振兴的"聚宝盆"、农民增收的"摇钱树"。传统村落是推进乡村振兴战略的重要资源与抓手，是推进乡村治理不可忽视的极为重要的资源与力量。保护和利用传统村落，对于留存乡村记忆、保护农村生态、拓展农业形态、建设美丽乡村具有重要意义。乡村治理过程中要统筹保护利用传统村落和自然山水、历史文化、田园风光等资源，发展乡村旅游、文化创意等产业，让传统村落焕发出新的活力。

第三十章　宿州市良梨镇良梨村

第一节　村情概况

宿州市良梨村位于砀山县良梨镇东部，是砀山酥梨的发源地和原产区，也是砀山酥梨文化的发祥地，以生产优质酥梨而闻名，因此得名"良梨村"。村域面积 12012 亩，耕地面积 9500 亩，户籍人口 2823 户、8680人，党总支下设 8 个党支部，党员 242 人。该村突出酥梨文化特色和地方民俗，建立酥梨文化博物馆，探索"全域旅游+历史文化"模式，传承发扬酥梨文化，让乡村留住乡愁。以"砀山酥梨"水果种植为主导，兼电商、文化旅游三大优势产业融合发展，尤其近年来该村休闲旅游产业兴起，成为巩固脱贫成果、振兴乡村的主要抓手，联农带农作用突出。同时，良梨村还被命名为"中国 100 个特色村庄""全国乡村治理示范村""国家森林乡村""全国民主法治示范村""安徽省森林村庄""安徽省民主法治示范村""安徽省电商示范村""安徽省卫生村"等。

第二节　案例分析

休闲旅游助推"梨乡"美丽嬗变

一、调整产业结构，培育兴旺产业

良梨村作为砀山酥梨的发源地，全村 1 万亩林地种植的全部是梨、桃等果树，生态环境良好。但多年来，由于种植结构雷同，农民收入来源单一，基础设施建设落后，这里一度也是远近闻名的贫困村，全村有贫困户 405 户，村集体收入是零。群众出行晴天一身灰，雨天两脚泥，收入靠天收。

如果说产业扶贫是稳定脱贫的根本之策，那么帮助农民增收就是农村工作最核心的内容。在农村有钱赚，才能把人们吸引在农村，从而避免由人才凋零走向农村凋敝。怎么样让村民多挣钱？一是推动产业结构调整。从传统的酥梨种植发展成桃、早梨、酥梨种植面积三分天下，延长鲜果销售期，直接增收。二是结合产业特色，发展电商。梨、桃、梨膏、黄桃罐头这些产品特别适宜网上销售，工作队鼓励扶持有文化、会上网的贫困户从事电商，引进"乐村淘"电商平台入驻村部电商驿站，以点带面，全面推进。目前村里大大小小的电商经营户有 120 多家，绝大多数都是年轻人返乡创业，年实现销售净收入 2000 余万元。三是发展乡村旅游。随着良梨村知名度的提高，游客量也不断攀升，2020 年达到了 50 万人次。高客流带来了就业和商业机会，据统计，3 年来，平均每年为贫困户开发了 100 个保洁员就业岗位，有条件、有能力的贫困户可以建民宿、搞餐饮、摆摊销售，实现了就近创业、家门口赚钱，有力促进了脱贫攻坚工作。

二、建设生态宜居村庄，打造休闲旅游村

2017 年 9 月，安徽省首批省级特色小镇——酥梨小镇核心区的项目落地。结合特色小镇建设，工作队确立了把村庄建设成为农业生产、科技、旅游、文化交融发展的田园综合体的工作思路，制定了 5 年规划，规划了环境保护区、休闲聚集区、农业生产区、居住发展带和社区配套网。3 年多来，修建了 13 公里的村内水泥路，疏浚了 5 公里的文家河，新建了村卫生室，改变了村小学面貌。修路，将道路修得融会贯通构成环线。挖河，河堤上种上各色花卉，河中栽藕种菱。在崔庄闸改造工程中，工作队借助水闸细长的外形仿建成古船，如今良源古船和法治广场已成为村民们休闲聚集最佳去处。无论是修路、挖河，还是开展环境整治，工作队把所有的工作都放在建设生态宜居村庄的总规划里统筹谋划，推进落实。

近年来，省司法厅派驻扶贫工作队定点帮扶，一直致力于在打好脱贫攻坚战的同时，建设美丽乡村。依托安徽省三大"名木"之一的"梨树王"打造核心景区，配合砀山县举办好一年一度的梨花节和采梨节，不断提升旅游服务能力和水准，帮助村民特别是贫困户拓宽增收渠道；围绕砀山酥梨文化和皖北农耕文化，建设了侯楼民俗文化村和皖北农耕文化馆，

用宝贵的民俗文化，来延续乡村文脉、留住美丽乡愁。风景美、文化美还要治理美，坚持以社会主义核心价值观为引领，着力推进乡村依法治理，为脱贫攻坚和乡村振兴提供了强有力的法治保障。

1. 弘扬乡土文化，注重道德教化

数千年的农耕文化孕育了砀山梨的发展，滋养出了具有浓郁地方特色的"砀山梨文化"。每年游人如织的季节，良梨村内都会举办各种文化和体育活动，如高亢委婉的四平调小戏，悠扬甜美的唢呐吹奏，精彩火爆的武术表演，惊险激烈的斗羊，群众广泛参与的马拉松、梨园骑行比赛等。通过丰富的精神文化生活，宣传尊老敬老、勤俭持家、互帮互助等传统美德，传递科学健康的生活方式。充分发挥乡贤、道德榜样、村规民约、家训家风的教化作用，让村民用自己的价值规范进行自我约束，提升村民道德水平，引导善行义举，规范社会秩序。选贤能、给帮扶、推善治，让乡贤参与乡村治理。以梨花庄园农家乐和梨苑铭居为代表的一批餐饮、住宿项目均为乡贤投资建设，带动了乡村旅游经济发展。这些能人乡贤致富不忘乡亲，以实际行动弘扬"乡贤"反哺桑梓、温暖故土的好风气。村里常态化开展最美家庭、星级文明户等创建活动，以身边典型引领树立文明乡风，使群众在对典型的可亲、可敬、可学、可比中收获感动，触动思想，见诸行动，进而形成崇德尚礼、仁爱亲诚的良好风尚。

2. 完善治理有效机制，建设法治梨乡

工作队将法治元素深度融入原有的乡村治理体系，先后建设了4座法治广场和法治公园，开设法治宣传栏18块，针对不同时期农村重点工作，经常性开展普法宣传，培训村民身边的法治宣传员、调解员，有效引导了村民尊法学法守法用法。村部有普法驿站，村民组有法律明白人，村民们有法律服务微信群，工作队着力构建了以村党组织为核心、以农村自治组织为主体、以乡村法治为准绳、以德治为基础的乡村治理模式，提升了乡村治理现代化水平。

第三节　案例总结

良梨村依托自身的资源优势，在原有的旅游基础上创新旅游产业发展模式，坚定贯彻精准方略，确定了举水果种植旗、走电商发展路、打特色旅游牌的发展方向，克服重重困难，让村庄一年一变化，逐步打造出引人注目的绿色、旅游、电商、法治等工作亮点。产业兴旺是前提、是基础、是关键，发展乡村休闲旅游正是乡村产业兴旺繁荣的重要突破口。当前，我国正进入全民旅游时代，旅游产业呈现出更加注重健康休闲体验功能的特点。要充分利用乡村自然风貌、生态人文、民俗风情等优势，深入挖掘乡村休闲旅游业发展潜能，推动乡村休闲旅游业成为乡村振兴新的增长点和闪光点。

第三十一章 合肥市石头镇笏山村

第一节 村情概况

合肥市庐江县石头镇笏山村属丘陵地带，村域面积9.8平方公里，耕地面积6632亩，总人口3152人，下设3个党支部，15个党小组，党员112人。笏山村坚持突出"党建引领、产业先行、三治融合"，着力探索乡村治理机制，把支部建在瓜蒌特色产业链上、让党旗飘扬在乡村治理点上，打造了美丽笏山。目前已建成瓜蒌扶贫特色产业园2200余亩。

第二节 案例分析

"小瓜蒌"托起乡村治理大梦想

庐江县石头镇笏山村地处庐江西北，村域地貌呈"三山一水六分田"，灌溉条件差，常年干旱，种田人工成本大，且种植结构单一，单产偏低，属省级贫困村。在笏山村，瓜蒌是一大特色，瓜蒌的全身都是宝，籽是一种休闲食品、皮和根可以入药，种植瓜蒌每亩比传统农作物要增收3000～4000元，小小瓜蒌如今已成为笏山村乡村振兴大道上的金果果。

一、开启"造血式"模式，助力产业脱贫

2015年以来，村两委围绕村出列、户脱贫的总体目标，立足实际，认真调研，大胆创新，通过创建瓜蒌扶贫产业园，利用各级财政扶贫资金，引导撬动社会资本投入脱贫攻坚主战场，通过"三变"改革、"三权"入股的方式，开启了"造血式"扶贫合作的新模式，并带动贫困户

种植经济价值较高的瓜蒌，取得良好成效。同时，笏山村驻村工作队和村两委积极引导本村经济能人殷百信、张正武到潜山市学习瓜蒌种植技术，并在笏山村先后创办了庐江县瓠山农民土地股份合作社、庐江县斛子山瓜蒌专业合作社、安徽梦迪生态农业有限公司、庐江县殷百信家庭农场种植瓜蒌，依托各级扶贫项目，创建瓜蒌扶贫产业园，目前已实现瓜蒌育苗、种植、加工、包装、冷藏整条产业链并拥有注册品牌3个。仅用4年时间，产业园内的瓜蒌种植面积从最初的不到200亩发展到目前3000亩，笏山村也被合肥市评为"2018年十大特色种养业扶贫示范典型"。不仅如此，种植瓜蒌也解决了周边很多贫困户的就业难题，乡亲们在家门口的瓜蒌园里打工，既能照顾到家，又能通过劳动获得收入，算得上是幸福财富双丰收。

二、"瓜蒌"联"支部"，构建基层党建新格局

笏山村坚持"抓党建促脱贫攻坚、抓党建促乡村振兴"，扎实推进党建引领产业高质量发展，积极实施"红色基因"工程，力争打造成"五强四美"新农村。2019年笏山村成立了瓜蒌种植党支部，同时也是全县第一家功能型党支部，先后已经有4名瓜蒌种植大户入党，将支部建立在产业链条上，将贫困户吸附在产业园里，笏山村真正发挥出了基层党组织的战斗堡垒作用和党员先锋模范作用。2022年更是打造一座集"党建+信用+广场+电商"为一体的公共服务广场，进一步服务了群众，起到了"人人讲诚信，争当信用户"的宣传效果。

三、"干净"变"宜居"，展现乡村环境大风采

沿着瓜蒌大道走到尽头，就是省级美丽中心村——李大中心村。这是笏山为推动脱贫攻坚和乡村振兴有效衔接，让群众干干净净奔小康，实施的贫困村小型公益性事业基础设施项目。项目新修了道路，硬化了沟渠，绿化了村庄，安装了路灯，大大方便了群众出行和生产生活。同时对全村11个较大的自然村庄实施了环境整治，改建卫生厕所600多座，36个村民组完成了组组通水泥路，主要道路实现了亮化工程，较大的抗旱支渠实施了硬化2400多米，安装治安监控24处，改建了村部，完善了村部的环境，美化了村庄环境，提升了村民居住水平和幸福感。各项民生工程稳步推

进。被安徽省农业农村厅评为全省首家"法治宣传示范村"，全国乡村治理示范村。

四、"青山"变"银山"，实现品牌效益大丰收

近年来，笏山围绕农旅结合，一二三产业融合，在采用新技术确保稳产高质的同时，非常注重品牌打造，挖掘产品的文化内涵，提高产品的文化旅游附加值，形成特色家居或旅游方便炒货食品。为此，投资400万元新建了"笏山瓜蒌新产品研发中心"，新上炒制包装深加工生产线一条，经秘方炒制的"笏山"瓜蒌子，营养丰富，入口酥鲜，食来齿颊溢香。通过积极申报，"百信瓜蒌子"2018年获得了国家绿色食品认证中心"绿色食品（A级）"认证，2019年又获得有机转换认证。积极搭建旅游节庆活动、电商营销平台，并于2018年、2019年连续两年成功举办了庐江县瓜蒌采摘节。每逢金秋时节，特别是周边城市游客，更是自驾小车，举家休闲，扶着老人，牵着孩子，一起到产业园来采摘瓜蒌、品味瓜子、体验农旅之乐。

第三节　案例总结

笏山村坚持抓党建促脱贫攻坚、抓党建促乡村振兴，将支部建立在产业链条上，在驻村工作队和村两委的领导下，开启了"造血式"扶贫合作的新模式，实现了产业脱贫。整治村庄环境，提升村民居住水平和幸福感。依托优势产业，提升产品质量，努力拓展市场，大力发展乡村旅游，推动农旅融合发展，助推乡村振兴。

第三十二章　亳州市曹市镇辉山村

第一节　村情概况

亳州市涡阳县曹市镇辉山村，地处涡阳、蒙城和濉溪三县交界处，是一个"一脚踏两市，鸡鸣闻三县"的古村落，因境内有辉山而得名。该村地势平坦，土地肥沃，G344 国道和涡宿路穿境而过，交通便利。村域面积9300 亩，耕地面积 7878 亩，下辖 10 个自然村，14 个村民组，1142 户5106 人。村党委下设 3 个党支部，9 个党小组，共有党员 126 人。"辉山革命烈士陵园"是皖北最早最大的抗日烈士陵园，是安徽省爱国主义教育基地、重点革命烈士纪念建筑保护单位。近年来，辉山村坚持党建引领，聚焦乡村振兴职责任务，依托辉山烈士陵园，充分利用自身资源优势，大力发展红色旅游业，村集体经济收入得到较大提高，2021 年村集体经济收入超过 100 万元，经营性收入 95.24 万元。带领村民走上一条绿色、可持续发展道路。该村先后获"国家 3A 级旅游景区""安徽省旅游示范村""安徽省森林示范村""中国美丽乡村百佳示范村""中国十大乡村振兴示范村""亳州市五星基层党组织""亳州市五星基层远教站点""2020 年国家级森林村庄""安徽省五个好党组织"等荣誉称号。

第二节　案例分析

"红色旅游"点亮小村新面貌

位于皖北大地的涡阳县曹市镇辉山村，拥有道家文化、古镇文化和红色文化"三大"文化资源，如何把保护利用好这些优质资源与推进美丽乡村建设有机融合起来？对此，辉山村进行了有益探索。

一、依托教育基地，发展全域旅游

借助县全域旅游建设，走旅游强村之路，以村里现有历史古迹，强力打造全域旅游。2018年岁末举行了首届辉山民俗文化节，接待游客上万人次，同时联合乐行集团成立了辉山红色旅游责任有限公司（即村投公司）和首届红色辉山新乡贤联谊会，为发展旅游业奠定了基础。中央电视台《丰收中国》栏目组、安徽卫视等新媒体走进辉山拍摄节目。新华社《高管信息》以聚焦"涡阳辉山村'美丽转型'看安徽乡村振兴的启示"给予了详细报道。同时。作为安徽省集体经济发展案例典型，辉山村级集体经济依靠红色旅游实现了发展壮大。

二、党员带头，助力乡村发展

近年来，辉山村党委充分发挥党员干部先锋模范作用，注重在"带"字上做好红色文章。侯虎，作为辉山村第一个回乡创业的年轻党员，他投资创办辉山村第一家民俗餐厅——红色记忆。走进餐厅，满是浓浓的红色味道，一下子就将顾客拉回到火热的革命年代。侯传武，辉山村的老书记，创办了集住宿、阅读、字画交流为一体的"老书记书屋"。在他们的带动下，越来越多的人开起了餐厅、旅馆，还有人做起了电商，专门销售农副产品和红色文化旅游产品。邻村村民冯坤，以前在浙江做灯具装饰生意，看到辉山村的变化后，盘掉了外地的店面，到辉山村开了一家茶馆。不仅当地人空闲之余会来这里喝茶聊天，邻近的淮北市、宿州市甚至外省的戏迷票友也相约来这里旅游，在茶馆喝喝茶、亮亮嗓，表演一段京剧、豫剧等曲目，如今已成为辉山的一大亮点。

三、改善基础条件，打造旅游村庄

依托革命烈士陵园，融合红色文化元素建设美丽乡村，对非物质文化遗产进行传承和弘扬，将村落的保护和美丽乡村建设相融合，改善生活条件，打造具有历史记忆和地域特色的休闲旅游服务型村庄。先后投入8000多万元，对村内"振兴大街"1.9公里进行白改黑，新建旅游景点（辉山小院、烤茶房、荷花塘、筑梦学堂、游客中心、甜水井、苦水井、思源井、老书记书屋、拴马林、战地医院、筑梦学堂、经果林采摘园）等，并对辉山烈士陵园、振兴大街立面改造，对民宿农家乐示范户改造，对游客接待中心、大巴停车场、筑梦社区、荷花塘、抗战路进行整体形象提升。同时，在全村推进"厕所革命"，采用以奖代补的方式（贫困户补助1600元，一般补助1100元）改旱厕为"三格式"水冲厕所，美化了村内环境。修建文化广场3个，丰富了村民的文化娱乐生活；安装路灯968盏，实现了各自然村村内亮化。村内医疗卫生室、幼儿园和义务教育学校内设施完善，提升了群众的获得感、幸福感。

第三节　案例总结

群众富不富，关键看支部。辉山村在村党委的带领下，把发展壮大村集体经济作为筑牢基层党组织战斗堡垒、实现乡村振兴有效途径来抓，聚焦区域资源，通过在村庄建设、土地利用、产业布局、基础配套、营销服务等方面持续推动，凝聚多方力量，依托丰富而厚重的红色文化资源，做大做强旅游产业，唱响"红色旅游经"，将红色资源转化为农村发展的活力和乡村振兴的动力，实现了村集体经济的发展壮大，人民群众的生活富裕，一跃成为全县村集体发展的"排头兵"。

第三十三章　滁州市舜山镇林桥村

第一节　村情概况

滁州市来安县林桥村位于"国家级生态镇"舜山镇中心位置，毗邻国家4A级风景区白鹭岛，处于红岭道风景圈，邻近华东国际风景园林产业城，是安徽东部唯一从事花卉苗木生产的专业村，享有"皖东苗木花卉第一村"美誉。村域面积13900亩，耕地面积1090亩，下辖22个村民组，1030户，4316人。村党员数118人，设4个支部、14个党小组。近些年来，林桥村在镇党委、政府的坚强领导下，以党建引领为基本原则，以苗木花卉产业为发展主线，以生态旅游为协同动力，以居民生活富裕为前进方向，积极探索，实现乡村"产业兴旺"新路径，先后成功创建国家级"一村一品"示范村、省级"森林村庄"。

第二节　案例分析

小苗市激发乡村振兴新活力

一、村院联结，产业兴旺

改革开放以来，林桥村的产业从萌芽到雏形再到成熟，始终坚持政策扶持科技带动，与金融机构和林业高校、科研院所积极对接，解决发展的资金问题和技术难关。林桥村地处丘陵地带，不适宜种植粮食作物，20世纪70年代，舜山镇林桥村有村级林场240亩，种植的都是黑松、马尾松，经济效益差。村里的老书记想改变村庄贫穷落后的面貌，积极探索，专门到南京林业大学求教，经专家检测，当地的土壤及气候环境适合种植龙柏、蜀桧等苗木，于是村民们便开始尝试种树。该村在舜山镇党委领导下，深入开展村企联建，以本村苗木基地为基础，与南京林业大学建立产学研基地，"村院联结"使林桥人实现从"粮农"到"苗农"的华丽转变，村苗木经济产值由2000年底1000万元实现到2020年末1.03亿元质的飞跃，全村1.2万亩土地苗木种植面积在95%以上，2020年该村获评全国乡村特色产业亿元村。

二、精品经营，产业转型

近年来，随着城市园林化、公园化概念的普及，造型树、地景树需求量很大，加上市场同质化竞争加剧，低端苗木发展遭遇瓶颈。林桥村以精品农业、高效农业为引领，由单一绿色苗木向彩色苗木、花卉苗木、盆景造型苗木转型。林桥村创办"盆景专业合作社"，邀请业内行家对苗木企业及村民开展培训指导，帮助大家学习盆景造型艺术。在舜山镇党委政府的指导下，该村通过举办讲座、广播宣传等方式，引导村民树立转型发展意识，通过改良种植方式、引进新品种等举措，带领村民跟着合作社、苗木大户同步转型。

三、经营转型，抢抓机遇

产业转型了，销售方式也要跟着一起转型。为了把树卖出去，有些村民不仅自己种树，还做起了苗木交易经纪人，在全国各地跑市场，把收集到的苗木信息通过大喇叭、微信群等平台发放，帮助村里人开拓销售渠道。同时还注册网站，利用网络进行宣传，村里建设了电子商务中心，每周直播两三次，一方面普及苗木培育知识，另一方面带动苗木销售。从曾经坐等型销售模式到现在的多样化销售模式，林桥村发生了翻天覆地的变化。

四、因地制宜、发展旅游

近年来，舜山镇结合自身资源丰富，四面山水环抱的优势，大力发展旅游产业，开发出国家4A级风景区——白鹭岛、省级文物保护单位——尊胜禅等旅游景点，不断完善旅游公厕、观光步道、停车场、标识标牌等基础设施，同时通过改水改厕、污水管网铺设等方式，提升乡村旅游综合服务质量。乡村旅游的发展助力集体经济增长，改善群众生活质量。此外，镇政府大力开展环境整治工作，严格按照规定分类处理垃圾污水，同时遵循谁污染谁治理原则，预防为主治理为辅，从源头改善环境、保护环境。道路卫生方面设立乡村保洁员公益岗位，确保道路干净卫生，改善村容村貌的同时增加了就业岗位。产业结构调整依托各村实际大力发展相关产业，促进本地经济发展。生态环境的改善不仅提升了群众的幸福感，还大力推进了乡村振兴。

第三节　案例总结

乡村振兴，产业先行，确立主导产业方向，就把握了乡村治理的关键点。林桥村依托自身苗木资源优势，通过村企联建，村院联结，实现从"粮农"到"苗农"的华丽转变，通过从常规苗木到精品盆景促进产业转型，又抓住机遇，改变销售方式，从传统销售到线上交易，不仅实现"质"的突破，也让村级集体经济再上新台阶。该村坚持党建引领、产业带动、乡风文明为工作基调，找准治理突破口、排出工作优先级，探索出了一条乡村善治新路径。

第三十四章　六安市春秋乡文冲村

第一节　村情概况

六安市春秋乡文冲村位于舒城县风景秀丽的华盖山脚下，素有"山水田园画廊"之美誉。全村总面积为5700亩，其中，耕地面积1272亩，山场面积2379亩，下辖13个村民组，456户，总人口1662人，党员50人。近年来，该村依托公学始祖文翁故里的文化底蕴，结合山乡风景优美的地域特色，在干部推动、全员发动的前提下，通过"抓重点、解难点、造亮点"，整治农村人居环境，打造了当地独特的乡村文化旅游品牌。

第二节　案例分析

整治村庄环境　建设魅力文冲

一、抓好"厕所革命"这个重点

结合村情，按照"旱厕清零，公厕提升"的思路，组织人员逐家逐户摸排情况，除近年来新建住房的134户农户安装了冲水马桶外，仍有旱厕300多个。文冲村对符合改厕条件的283座旱厕实施了改厕（安装"三格式"化粪池），对不符合改厕条件的旱厕及路边的92座旱厕进行了拆除。依据乡村建设规划，在村域内兴建了水冲式旅游公厕9座，建成蹲位58个，服务周边160户居民及到村参观游览人员用厕，群众使用卫生厕所率达 100%。村级强化对旅游公厕的日常管理，制定了相关章程，聘用了专门人员进行卫生保洁，对保洁人员进行相关绩效考核。由于措施得力，群众普遍反映良好，对改厕满意度较高。

二、解好"垃圾革命"这个难点

充分利用村广播、"文冲大家庭"微信群、每户张贴倡议书等宣传媒介，深入动员组织广大干部群众积极投身参与环境整治。对全村 18 个村民组开展村庄清洁行动，共清理村内水塘 12 口，河沟渠道 2600 米，清理农业生产废弃物 2.2 吨，清理乱搭乱建 30 余户，拆除有碍观瞻建筑物 20 余处，清理小广告 30 多个。着力补齐农村环卫设施短板，在全面摸底排查的基础上，各村民组按照 5～10 户标准放置 1 个垃圾桶，共计投放垃圾桶 150 个，另安排分类垃圾桶投放 25 组，住户实行门前三包。村建立垃圾中转站 2 处，垃圾处理采取"户分类、村收集、乡处理"的模式运营。目前，村委会将人居环境整治任务对接给护林员、公益岗、保洁员，与他们签订卫生保洁协议，做到生活垃圾日产日清。

三、打造"文翁故里"这个亮点

依托公学始祖的人文品牌，积极打造乡村文化旅游发展路径。建成文翁纪念馆、文翁文化主题公园、文翁研学步道，并扩建了文翁墓，另依托"菊花、葛根、石斛"三大产业基地和油菜花摄影基地，有力推动乡村文化旅游发展，使该村在舒城县域内颇具影响力。同时，新建的文翁研学中心、文翁读书庄、西山药库射干基地、太空莲观赏基地将于 2020 年初建成运营，届时将大大推动当地和周边的乡村旅游发展，形成文翁故里研学、旅游、体验"一站式"文旅品牌。

第三节 案例总结

脏乱差，曾经是农村环境的最大短板。如何补齐这一短板，六安市文冲村给出了参考答案。该村通过环境整治，改变了农民的卫生观念，改出了农村的生活新貌，树立了农村的文明新风，打出了一手漂亮的文翁故里牌。农村人居环境整治是一项长期任务，农村厕所革命是农村人居环境整治的当头炮，改变的是农民千百年来的传统习惯和生活方式；实施生活垃圾治理，也是农村人居环境整治的关键战役。乡村环境整治过程中，要先让老百姓走上平坦路、用上卫生厕所、摆脱脏乱差、享受到干净整洁的村庄环境，全面提升农民群众的幸福感，再循序渐进、逐步深入，最终建立生态美、风貌美、环境美、风尚美、生活美的美丽乡村。

第五篇　安徽乡村治理的总结

第三十五章　发达地区乡村治理的典型经验

　　乡村治理过程中，经济发达地区或者局部物质条件稍好的地域，治理难度相对于欠发达地区来说比较低，虽然不具有很大的普及性，但是其经验方法还是有可值得借鉴之处。本章通过梳理国内外发达地区的乡村治理经验，总结发达地区乡村治理成功的相似之处，为安徽省乡村治理提供经验借鉴，不断提升欠发达农村地区治理水平，为现代化农业农村建设打好基础。

第一节　国外发达地区的乡村治理

　　"乡村治理""乡村建设"抑或是"新农村建设"是现代国家自上而下对农村进行宏观管理和传统乡村自下而上实行自我改造相结合的农村改革策略。乡村治理在西方发达国家已经经历了数个世纪的发展历程，并根据本国实际情况逐渐形成了符合本国特色的农村发展模式。那国外发达地区的乡村治理又是怎么做的呢？乡村是如何在发达国家变成与城市相和谐的存在的呢？接下来就让我们看看这些国外发达地区乡村治理的成功模式，也希望在借鉴学习中，可以给我国带来些启发。

一、因地制宜打造乡村特色

　　当前在乡村治理中，通过因地制宜利用乡村自有资源发展和推动乡村建设，打造乡村治理的特色品牌，并努力推动城乡协同发展，实现乡村的可持续性繁荣成为具有代表性的乡村治理模式。这一模式主要是从城市与农村空间融合的视角来思考乡村治理，通过开发和整合本地传统特有资源，在城乡协同发展中形成区域性的经济优势，进而打造富有地方特色的品牌产品实现乡村治理的创新性发展。

日本的"一村一品"发展模式具有一定代表性。一是因地制宜。在乡村治理中，坚持以挖掘本地资源、尊重地方特色为出发点，逐步培育了独具特色的农产品生产基地，比如水产品产业基地、香菇产业基地、牛产业基地等，"一村一品"的最初雏形得以呈现。二是完善体系。为提升农产品附加值，政府采取对农、林、牧、副、鱼产品实行一次性深加工的策略，让农业出产成为市场化的商品。同时在农产品的生产、加工、流通和销售环节建立产业链，保证并完善了农村产品的交易闭环，彻底了却农民的后顾之忧。三是政府托底。日本政府对农村建设和农业生产进行了大量的补贴和投入，大力支持农村基础设施提升和农村产业发展，并且通过构建教育指导模式、开设各类农业培训班、建立符合农民需求的补习中心等方式，来提高和增加农民的综合素质和专业知识。设施完善了、体系建成了，生产和服务的水平提高了，农村的产业活力也自然就提升起来了。

二、通过渐进式改革促进乡村综合发展

渐进式改革是将乡村治理看作一项长期的社会实践活动，在经济社会快速发展的同时，在不同阶段调整乡村治理目标、方式和手段，以融合和互促的形式建设利益共同体，实现整合乡村社会中的优势资源良性互动，使其共同致力于促进农村社会有序发展以及乡村现代化进程。

德国政府从 20 世纪初期便开始实施以村庄更新为主要内容的农村社会改革工作，在不同的发展阶段通过相应的立法予以规范和引导。1976 年德国修订了《土地整理法》，首次明确将村庄更新作为重要任务，从而开启新一轮的乡村社会环境和基础设施整顿。到了 20 世纪 90 年代，德国村庄更新也随着时代的发展有了新的举措，通过实现乡村能够享受同等的发展条件、生活条件和交通条件等，保障为乡村居民提供较为便宜的住房和为产业提供低成本的用地的同时，在乡村发展中融入了更多的科学生态元素，乡村的文化价值、生态价值和休闲价值被提升到重要地位，村庄更新计划成为"整合性乡村地区发展框架"，有力地促进村庄的可持续发展。

三、促进乡村治理数字化转型

乡村治理的数字化转型是乡村治理现代化的重要方面。近年来，随着

互联网、大数据、云计算等新兴现代信息技术的研发与推广，信息技术在农业农村领域得到广泛的应用，一些国家（地区）正在积极开展政府数字化转型，乡村治理数字化作为数字社会治理的一部分也得到快速发展，并取得良好的效果。乡村治理的数字化就是通过数据收集、处理、分析、预测，实现各种信息资源整合利用，高效地推动多元主体参与乡村治理，实现科学性决策、精细化管理以及民主化治理，从而整体提升乡村治理效果。

英国在乡村治理数字化转型领域起步较早，初步形成了较为成熟的乡村数字化治理模式。英国于 2011 年成立了乡村政策办公室专门负责乡村政策事务，完善乡村治理体系。2012 年提出了《政府数字化战略》打造"数字驱动"政府，这也使实现乡村数字化治理成为英国数字化发展的重要领域。如 2017 年出台了《英国数字化战略》法案、"农村千兆位全光纤宽带连接计划"、《2014—2020 年英国乡村发展项目》等，这些法律及战略规划的出台从国家层面对乡村治理如何实现数字化改造进行了统筹规划，对乡村治理数字化发展进行顶层设计。

四、基本成效与存在问题

在乡村治理现代化实践中，日本、德国和英国都取得了一定的成效。日本乡村振兴模式，最值得吸取的经验是，他们在乡村治理实践中，非常讲究具体问题具体分析的原则，通过整合和开发本地传统资源，形成区域性的经济优势，进而逐步打造出富有地方特色的品牌产品和特色服务。德国通过循序渐进的乡村治理演变，在基础设施的改善、农业和就业发展、社会和文化保护、生态和环境优化四方面取得了一定成效。英国的乡村治理数字化建设成效显著，一是在乡村政务方面，英国依托先进的电子政府系统，为乡村居民提供快速、安全的身份识别、政务通告、在线支付等高质量服务，进而提高了政府服务的效率；二是在乡村教育改善方面，英国实现了乡村教育服务先进远程教育体系化，通过互联网教学方式帮助村民群体提升文化素质和知识技能；三是在促进乡村医疗优化升级方面，乡村治理数字化转型使英国的国民健康服务升级为"数字健康、移动远程医疗服务"，实现了医院之间信息共享、开展远程医疗服务等，提升了乡村居民医疗保健、临床评估及专科医疗等服务的效率；四是环境治理方面，建立起了城乡自动网络，通过各种电子设备、媒体渠道以及网络平台将相关信息传递给大众，为环境空气质量的优化治理提供数据基础。

同时，也应该看到，上述国家在实现乡村治理现代化进程中还存在需要解决的问题。一方面是乡村治理过程中城镇化进程引发的乡村人口结构问题。如日本和德国，由于乡村人口老龄化和人口数量的减少，城镇化进程中伴随着一系列社会问题。一是城镇化发展不仅导致乡村地区人口的减少，而且加快了人口结构的改变，特别是加速了这些地区的高龄化进程；二是乡村人口高龄化，使得乡村社会保障成为较为关注的社会议题，特别是医疗服务的不充分，使越来越多的老年人由乡村返回城市居住；三是由于乡村人口的减少，教育、行政服务等与居民日常生活息息相关的社会公共服务设施的功能开始走向衰落，为居民所能提供的服务水平也持续下降；四是由于乡村人口流出严重，现代生活服务设施和就业机会的不足使年轻人越来越难以留在乡村，因此导致乡村的劳动力人口减少，乡村经济发展受到了一定的制约。另一方面是乡村治理现代化进程中乡村产业发展可持续性问题。随着西方国家城镇化进程的快速发展，农村空心化等现象给乡村产业发展带来一系列影响。最后需要指出的是，每个国家的国情不同，实现乡村治理的路径也不尽相同，所以在实现乡村治理现代化进程中，政府要从有利于乡村居民生存发展的视角，吸收成功经验，摒弃不利于改善乡村治理的负面因素，不断反思和总结，根据时代变化及时调整、优化和创新相关制度和政策体系，才能最终推进和实现乡村治理现代化。

第二节　国内发达地区的乡村治理

随着我国社会经济的快速发展，经济发达地区乡村已经成为我国重要的乡村类型，主要集中分布在东部沿海地带及京津冀、长江三角洲、粤港澳大湾区等城市群区域，这一类地区乡村对于乡村发展定位、振兴方向或领域、机制体制和政策创新等有着更高的要求和更鲜明的地区特点。

一、强化党组织领导，推动"三治"融合

昆山市位于江苏省"东大门"，毗邻上海市，2021年地区生产总值达

4748 亿元，城乡居民收入长期位居全省前列，农村居民人均可支配收入42400 元，城乡居民收入比仅为 1.83∶1，综合实力连续 17 年位居全国百强县首位。近年来，昆山市深入实施百村共治工程，探索开展"五个一"行动，打造了一个"海棠花红"品牌、一套小微权力清单、一项民主议事机制、一项美丽庭院行动、一个村务公开平台，切实转变治理理念，积极推动乡村治理从"大管家"到"大家管"。

昆山市为解决基层一线党建阵地存在的问题，创新打造"海棠花红"党建服务品牌，建设"海棠花红"三级党群服务体系，全面下沉各类党群服务资源，以更加开放、集约、共享、高效的党群服务推动乡村振兴，让党旗在基层一线高高飘扬；梳理一套清单，聚焦基层权力运行制约和监督，以"一人一委一网"强化基层监督力量，以"一单一图一环"规范基层权力运行，以"大数据+"提升基层监督质效，将基层的小微权力监管纳入乡村治理体系建设；全面强化"有事好商量"协商议事机制，民主议事由"做群众工作"向"由群众做工作"转变，最大限度体现全体村民的利益和愿望；充分发挥积分制在精细化管理、人居环境整治等具体事务中的导向性作用，创新开展美丽庭院行动，用"小积分"撬动乡村"大治理"；积极推动农村数字化治理，构建农村集体"互联网+三资管理+阳光村务"管理体系，建立了"昆山市网上村委会"（线上公开）、"智慧 e 阳光"（线上互动建议）、"马上办"服务平台（线上服务咨询）和"鹿村通"（线上监督）等多个数字平台，引导村民积极参与乡村振兴，绘就"宜居、融合、善治"的乡村新图景。

二、强化示范引领，提供"广东经验"

广东省作为改革开放先行地，以提升乡村治理体系和治理能力现代化为主攻方向，把保障和改善农村民生、促进农村和谐稳定作为根本目的，以健全党组织领导的自治、法治、德治相结合的乡村治理体系为根本目标，持续在乡村治理的重要领域和关键环节积极创新、大胆实践，着力夯实乡村振兴基层基础。回顾广东的乡村治理历程，示范引领是贯穿其工作始终的主要方法。近年来，广东在创建示范的过程中特别注重总结可复制的经验，打造出乡村治理的"广东经验"。

乡村治理是一项复杂的系统工程，广东各地经济发展、历史文化、风俗习惯等存在相当的差异。通过创建试点示范，鼓励各地因地制宜积极探索，成为广东省破解乡村治理难题的现实所需。为及时总结推广各地乡村治理经验做法，加强典型案例和经验的总结推广，建立全省乡村治理典型案例库，2022 年最新编辑出版《广东省乡村治理典型案例（2022）》，加强成果运用。广州从化 724 群防群治模式、佛山南海综合治理信息平台、惠州惠阳"宅基地+积分制"等工作取得新进展，梅州蕉岭"六事"改革模式被农业农村部农村合作经济指导司《乡村治理动态》简报刊发。汕头"村级小清单"、韶关"民情夜访"、梅州"六事"模式、肇庆"六大行动"等 13 个经验做法获评全国乡村治理典型案例。

三、整治农村人居环境，打造美丽宜居乡村

农村人居环境整治和公共卫生体系建设密切相关，搞好农村人居环境不仅是为了村庄干净整洁，更是为了降低疾病传播风险，为居民创造卫生安全的生活环境，一些涉及农村公共卫生安全的薄弱环节将是下一步农村人居环境整治的重点。京津冀地区总面积近 22 万平方公里，常住人口超过 1 亿，其中大部分区域是农村，40% 以上的人口生活在农村。京津冀地区农村人居环境基本反映了我国农村人居环境的不同层次，总结京津冀农村人居环境整治的经验，对于推进全国农村人居环境整治工作具有重要借鉴意义。

天津市在改善农村人居环境上，深化"百村示范、千村整治"工程，因地制宜推进农村改厕、生活垃圾和污水治理，建设一批农村人居环境示范村。2019 年，天津市静海区静海镇小高庄村成功入选天津市第一轮人居环境示范村。面对村里基础设施差的现实，2013 年 8 月以来，小高庄村以天津市能源集团驻村帮扶和"美丽乡村"建设为契机，对村内道路全部进行硬化改造，过去的"晴天一身土、雨天两脚泥"一去不复返。取消 5 个露天垃圾池，新购垃圾筐 200 个，建成封闭式垃圾转运站 1 处，成立村保洁队，负责垃圾清扫、道路管护、绿化养护、公共设施维护，村庄面貌焕然一新。特别是开展村西坑塘清淤治理，在坑塘周边建起了健身小广场，安装铁艺护栏，铁杆路灯 45 盏、太阳能路灯 30 盏，村内白天绿了起来、晚上亮了起来。2019 年，小高庄村积极申报并成功入选第一轮人居环境示范村建设，重新粉刷民宅外墙 17000 平方米，改造老化下水 480 米，道路

整修铺设柏油路面 5200 平方米，村内现有的 4 个公厕全部改为水冲式卫生厕所，打造健身广场 4700 平方米，更加方便了村民生活。

四、旅游产业赋能乡村振兴

浙江省湖州市安吉县以绿色发展为引领、以农业产业为支撑、以美丽乡村为依托，探索三产联动、城乡融合、农民富裕、生态和谐的科学发展道路，打通了绿水青山和金山银山的转化通道，依靠休闲农业撬动生态与经济协同发展，打造了宜居、宜业、宜游的美丽安吉。一是科学规划，创新模式。安吉县编制了《安吉县休闲旅游业规划（2011—2020 年)》《安吉县休闲农业与乡村旅游规划》《安吉县乡村旅游发展专项规划》，初步形成 3 大中心、10 个聚集地的乡村休闲旅游格局。涌现出鲁家村"家庭农场+村+企业"、目莲坞"农户+村+企业"、刘家塘村"慢生活体验区"等创新模式。二是多业融合，夯实基础。因地制宜赋能"休闲农业+"，推动乡村休闲旅游与农业产业交叉融合、互促互融。深化"千万工程"，大力推进"三大革命"，实现全县美丽乡村建设全覆盖。注重农耕文明、田园风光、村落建筑、乡村生活等乡土元素保护，强化经营乡愁、经营文化理念，建立了 26 个村落文化博物馆，丰富乡村休闲旅游的内涵和人文体验。依托农业产业资源和山水风光，延伸乡村旅游产业链，大力发展涵盖研学旅行、农事体验等分享经济、体验经济，唱响"春赏花、夏嬉鱼、秋品果、冬食笋"的休闲农业四季歌。三是创意营造，充实供给。积极探索农村闲置农房（宅基地）流转、农业标准地等改革举措，在全国率先创新推出农业产业融合项目建设"标准地"以及农业标准地抵押贷款等举措，有效解决产业发展"用地难、贷款难"问题。广招贤才，在各类公开招考中，设立旅游专业人才岗位；在休闲经济奖励政策中开辟专项条款用以奖补旅游人才。丰富载体建设，每年举办"过个安吉年""畲村三月三"等系列特色乡村节庆活动。在原生态特色基础上，立足村情，推出乡村品质游内容。

五、企农资产联合促双赢

近年来，北京德青源农业科技股份有限公司以蛋鸡产业为抓手，依托财政资金和政策性金融，探索形成一套"三权分置"（项目资产所有权归地方政府，经营权归德青源集团，收益权归农民)、合作共赢的德青源金鸡产业联农带农新模式，以点带面，形成了产业发展带动农民就业增收的良性互动格局。整合涉农财政专项资金，将财政资金分配到乡镇主导管理的专业合作社，农民获得收益股权，股金作为合作社的资本金投入金鸡项目。政府设立农业资产公司，负责项目资金管理和前期建设。用各合作社入股的资本金，按照1∶1的杠杆率向银行贷款，以政府购买服务搭建信用结构，银行按照基准利率给予项目15年长期贷款。资金全部到位后，平台公司按照德青源标准建设"六厂（场）一区"（青年鸡场、产蛋鸡场、饲料厂、屠宰场、沼气厂、食品厂、生活服务区)，打造金鸡产业园，享有固定资产所有权。项目建成后，德青源公司将固定资产租赁下来，每年按照固定资产投资总额的10%分季度缴纳租金。租金收入偿还金融机构本息后，剩余部分按股分配给各合作社，确保农户获得稳定股权收益。在项目建设和运营过程中，德青源公司贯彻建档立卡脱贫群众优先原则，设置爱心岗位专门招收建档立卡脱贫群众，鼓励通过技术培训的致富带头人在企业从事技术管理工作，通过智慧和劳动获取市场化的薪资。发展关联产业，金鸡产业园通过玉米订单种植、物流运输、包装材料、临时劳务等上下游产业，提供稳定的采购订单，带动农民围绕产业链充分创业就业。

第三节　发达地区乡村治理的启示

根据国外发达地区乡村治理与我国发达地区的乡村治理过程的成功经验，可以寻找到乡村治理的基本共同规律与成功基础原则：每个发达地区的乡村治理都离不开政府从农业发展、农民生活改善、乡村生态的保护的"利农"角度发挥政府的支持和基础统筹主导力量，具体为政府提供法律支持和资金保障，城市、企业和高等院校推动乡村的发展与繁荣，村民尤其是乡村精英加快农村改革的进程以及农村金融机构承担着乡村可持续发展的重任。

结合我国乡村治理的发展历程、主要特点和国外乡村治理成功的经验，当前我国乡村治理要发挥基层党组织的龙头作用，在振兴乡村的过程中依靠农民推动自我治理，要实现基层党组织的建设与村民民主的良性互动，充分释放农村党员的先进性和村民的一线创造性。在乡村振兴过程中，提升农村治理能力的关键在"人"，核心是"钱"，通过兴办农业合作社，建设"一村四社"制度，发展互助合作金融，增加农民的资金储备，从而"扩口袋"，实现农村金融的自我"造血"功能，为农民参与农村治理夯实经济基础。稳定和完善企农利益联结机制，构建企农双赢的命运共同体，调动城市、高等院校、企业与金融机构等乡村治理主体的积极性共同致力于农村现代化建设。

第三十六章　安徽乡村治理案例的总结

　　乡村治理是乡村振兴的重要内容，是国家治理体系和治理能力建设的重要方面。实现乡村治理有效需要务实管用的方法，将相对模糊笼统的乡村治理概念和要求，转化为目标清晰明确、运行有章可循、监督评价科学合理的工作任务，形成具有可操作性的工作抓手。近年来，安徽省各村贯彻落实党中央、国务院关于加强和改进乡村治理的决策部署，探索形成了很多有效的典型做法，有针对性地解决了一些难点堵点问题。梳理、推荐乡村治理典型案例，有利于找到案例背后带有普遍性、规律性的一些机制和方法，为各地因地制宜探索乡村治理方法、模式提供了有益的借鉴。

　　在党的建设引领乡村治理部分，以阜阳市光武镇黄寨村、淮南市丁集镇炮楼村、芜湖市峨山镇童坝村、淮北市濉溪镇蒙村、滁州市小溪河镇小岗村、池州市马衙街道灵芝村、马鞍山市环峰镇梅山村、蚌埠市连城镇禹庙村、宣城市白地镇江村村、宿州市虞姬镇虞姬村、六安市苏埠镇南楼村为例，阐述了农村基层党组织在乡村治理中的领导核心作用。比如帮钱帮物，不如建个好支部，通过建造一支强有力的基层干部队伍，创建乡村自治品牌，成功出列贫困村，蜕变成美丽乡村示范村；探索建立以党建引领为核心，坚持"一核两翼三融合"工作法，探索出了党群一体、村民主导、共商共建共享的乡村治理路径；以"党总支+合作社"模式发展壮大村级集体经济，积极调整农业产业结构，整合资源大力发展特色产业，因地制宜发展特色产业和乡村旅游业，推动集体经济发展壮大；开展党建引领信用村建设工作，积极发挥信用手段正面激励作用，推进信用建设制度化，以信用服务激活乡村发展动能；用好"网格化+信息化"两种手段，构建立体党建新模式；"一述两评三议事"村情报告会制度，密织党群关系网；让有帮扶能力的农村党员、致富能手、外出创业有成人士等先进群体参与乡村治理等工作，实施先锋工程，加强党员队伍先进性建设，发挥基层党组织战斗堡垒作用和党员的示范带动作用，架起了基层党员干部和群众联系的桥梁；推行"党建网格化"，使党员在自己的"责任田"里守土有责、精耕细作，将服务送到群众身边。

在共建共治共享推进乡村治理部分，以合肥市烔炀镇中李村、黄山市甘棠镇甘棠社区、宣城市宣州区花园村、铜陵市胥坝乡群心村、六安市春秋乡文冲村、蚌埠市古城镇五郢村、安庆市黄铺镇黄铺村、淮南市平圩镇林场村、淮北市双堆集镇芦沟村、阜阳市代桥镇刘寨村、芜湖市沈巷镇八角村、铜陵市浮山镇浮渡村、黄山市耿城镇沟村为例，阐述了乡村治理过程中要秉承共建共治共享的新思想发动且凝聚各方力量共同参与乡村社会治理。比如乡村治理过程中，重点关注乡村治理中人的问题，从留守儿童教育问题入手，将关爱留守儿童与乡村治理工作相结合；通过"互联网+乡村"的模式打造出的甘棠为村平台，是运用互联网技术和思维破解新形势下乡村治理问题的创新实践；通过"五色工作法"，完善社区治理机制和平台，引导村民们共同打造共治共享的美好社区生活，逐步改变城中村面貌；把创建新时代文明实践站，作为全国农村社区治理实验区创建的重头戏，通过"构网""织网""筑网"，强化村党委引领作用和村民自治作用，积极探索新时代志愿服务的乡村善治之路；依托"1+1+X"一体化平台，完善自治、德治、法治相结合的治理体系；构建"五微一体"实践体系，实施乡风文明培育行动，提升五郢村治理水平；以乡贤理事会这一社会组织为依托，广泛吸纳新乡贤参与乡村治理，充分发挥乡贤作用，探索乡贤参与乡村治理机制；将"四议两公开"拓展为"五议三公开两参与"，做到"村民议村民定、村民建村民管"，充分调动群众参与村庄建设的积极性、主动性、创造性，最大限度释放基层发展活力和潜力；积极开展移风易俗、弘扬时代新风，建立完善"四会一约"，即村民议事会、禁毒禁赌会、道德评议会、红白理事会和村规民约；下沉自治资源，优化村社内资源配置，打造多元共治"三机制"；从优秀传统文化中汲取"治村智慧"，注重保护传统村落原始风貌和生态肌理。在产业振兴推动乡村治理部分，以马鞍山市乌溪镇七房村、安庆市高河镇查湾村、亳州市十八里镇蒋李村、池州市七都镇高路亭村、宿州市良梨镇良梨村、合肥市石头镇笏山村、亳州市曹市镇辉山村、滁州市舜山镇林桥村、六安市春秋乡文冲村为例，阐述了产业振兴在乡村振兴和乡村治理中的重要作用，充分说明了产业兴旺是解决农村一切问题的前提。比如七房村建立"党支部+合作社+农户"的管理模式，成立蟹苗专业合作社党支部，探索在产业链上发挥党支部和党员的战斗堡垒作用和带头作用，走出一条基层党建与经济建设互融互动、又好又快发展的新路子，成功把"小蟹苗"孵化成"大产业"；将"海子文化"和乡村治理有机结合起来，实现两者同频共振，发展经济的同时，让查湾成为"看得见山、望得见水、记得住乡愁"的精神寄托；依托中药材资源优势，以"村企联盟"的形式，全力做好"药"文章，带动村集体增收、贫困户致富，实现了村集体、贫困户、企业共赢；良梨村突出酥梨文化特色和地方民俗，建立酥梨文化博物馆，探索"全域旅游+历史文化"模式，传承发扬酥梨文化，以"砀山酥梨"水果种植为主导，兼电商、文化旅游三大优势产业融合发展，走出了独具特色的善治路；通过"三变"改革、"三权"入股的方式，开启"造血式"扶贫合作的新模式，并带动了贫困户脱贫；依托革命烈士陵园，融合红色文化元素建设美丽乡村，对非物质文化遗产进行传承和弘扬，将村落的保护和美丽乡村建设相融合，发展红色旅游；通过"村企联建""村院联结"，实现从"粮农"到"苗农"的华丽转变。

第三十七章　安徽乡村治理提升的对策建议

乡村治理是国家治理的基石，也是乡村振兴的重要内容，没有乡村的有效治理，就没有乡村的全面振兴。近年来，随着全面推进乡村振兴和社会治理重心向基层下移，在党建引领共治共建共享的乡村治理工作格局下，乡村治理内容逐步充实，广大农民的获得感、幸福感、安全感不断增强。但也存在不少亟待破解的困难和问题，特别是乡村治理体系不够完善和治理能力水平不够高等。因此，必须通过组织引领、宣传引导、守正创新、上下联动等方式加强和改进乡村治理，助力乡村旧貌换新颜。

第一节　"党建+治理"谱写乡村治理新篇章

乡村治、天下安，乡村美、中国美。谱写新时代乡村治理新篇章，就要在党组织的引领下，有效整合各方力量，不断健全体制机制，提升基层治理能力，力促民心在基层凝聚、资源在基层整合、问题在基层解决、服务在基层拓展，合力绘就产业更兴旺、生态更宜居、乡风更文明、群众更幸福的新乡村蓝图。

一、强化组织引领，使乡村治理力量"统起来"

农村基层党组织是乡村治理的领导核心，健全乡村治理体系、提高乡村治理水平，关键在于构建党组织领导的自治、法治、德治相结合的乡村治理体系。要强化组织引领，督促各级党委和政府把乡村治理工作作为一项政治任务来执行，并将乡村治理工作纳入县乡党委书记抓基层党建资源的述职评议考核的重要内容，推动层层落实责任。以村级党组织为核心，把支部建在网格上，创建党支部书记为网格长、党员为网格员的乡村治理网格，打造一支懂治理、能治理、善治理的乡村治理"铁军"，切实把乡村治理力量"统起来"。

二、注重宣传引导，使乡村治理主体"聚起来"

充分利用党员的影响力，通过党员联系农户、党员户挂牌、设岗定责、志愿服务等活动宣传党关于乡村治理的政策主张，依托村民会议、村民代表会议、村民议事会、村民理事会、村民监事会等，鼓励农村开展村民说事、民情恳谈、百姓议事、妇女议事等各类协商活动，广泛动员各方力量参与乡村治理。利用好村规民约，组织村民学习涵盖村风民俗、社会治安、环境治理、社会公德等内容的行为规范，引导他们积极参与乡村治理，使乡村治理主体"聚起来"。

三、坚持守正创新，让乡村治理思路"活起来"

乡村治理是实现国家治理体系现代化的重要基础，推进乡村治理的模式必须与经济社会发展水平相适应。在国家进入新发展阶段的今天，面对新任务新要求，只有在立足乡村实际的基础上，不断创新乡村治理路径和内容才能适应新的发展要求。抓住乡村自然资源、乡村文化、服务对象的特点，从满足群众需求角度出发，充分借助现代互联网技术，灵活运用好微信群、公众号等移动互联网平台，加快信息传递，打破群众了解知晓政策信息的"壁垒"，拓宽村民参与乡村治理的渠道和途径，同时引导外出村民通过网络积极参与乡村发展讨论，有效提高村务决策的民主性和科学性，让乡村治理思路"活起来"。

四、聚焦上下联动，把乡村治理资源"串起来"

乡村治理的核心是共建共治共享，乡镇与村居两级联动是提高乡村治理水平和效能的关键环节。要打造"村呼乡应、上下联动"工作模式，建立乡镇、村居互通共融的基层党建机制，组建党建联盟，把乡村治理资源"串起来"，推动乡村治理握指成拳、连片联治。乡（镇）政府根据村情民情制定履职事项和工作任务清单，建立"周例会、月汇报、季反馈"工作制度，定期邀请乡干部、驻村第一书记、党员代表、村民代表等共同参与研究制定乡村治理规划，协调解决存在问题，形成上下联动、共同促进的乡村治理格局。

第二节　共建共治共享　凝聚乡村治理合力

习近平总书记指出："治国安邦重在基层，党的工作最坚实的力量支撑在基层，最突出的矛盾和问题也在基层，必须把抓基层、打基础作为长远之计和固本之举。"乡村是当前国家基层治理的重点和难点，相对于城市社区而言，乡村治理水平仍然处于落后状态。创新乡村治理理念、提升乡村治理现代化水平已经成为全社会的共识。党的十八大以来，党中央、国务院发布一系列政策文件，提出了共建共治共享的社会治理新思想和乡村振兴战略，建构了新时代乡村社会治理的崭新框架。秉承共建共治共享新思想，坚持中国共产党的领导，凝聚社会各方力量参与乡村社会治理，推进乡村社会治理现代化，是实现乡村振兴战略和社会共同富裕的基本途径与重要保障。

一、发挥党建引领作用　共建乡村治理规则体系

充分重视和发挥党建的引领作用。中国共产党是中国特色社会主义事业的领导核心，处在总揽全局、协调各方的地位。党的十九大以来，各地通过机关、高校、企业等党组织与乡村党支部进行党建共建活动，凝聚社会各方力量积极参与乡村治理，提升了乡村治理能力，提高了乡村治理效能。但党建共建并非共建的全部内容，更不能流于形式，要切实发挥党建共建的引领作用，最终实现乡村治理规则体系的共建。因为在治理实践中，就治理规则和治理主体的关系而言，二者相辅相成，但治理规则产生的影响力远远大于治理主体所产生的影响力。因此，要重视党建的引领作用，把乡村基层党组织建成坚强战斗堡垒，以党建共建为引领把各类治理主体有效嵌入乡村治理过程中，创新治理的内容，完善各项规章制度，积极构建基层良性互动的治理体系。

建立"自治、法治、德治"三治融合的治理规则体系。在乡村治理体系中，自治是主体、法治是保障、德治是基础。自治方面，习惯法、村规民约其独特的社会控制力具有不可替代性，但其兼具稳定性和滞后性的双重特点，未免与现代法治理念和现行法律规定存在冲突的情况，因此要教育和引导群众改变陈规陋习、树立文明新风，制定符合现代法治理念和国

家法律规定的村规民约。法治方面，要增加乡村治理相关法律法规的供给，通过制定和完善法律法规规章及其他规范性法律文件等对乡村社会治理领域存在的空白进行必要和适当的补充。此外，要"健全党内法规体系，扎紧党纪党规的笼子"，从根本上铲除党内腐败现象和不良作风，确保基层党组织的战斗堡垒作用。德治方面，坚持以习近平新时代中国特色社会主义思想为指导，持续提升和丰富德治内涵，努力探索多元共治共商的德治模式、充分发挥榜样力量的示范作用，引导村民积极培育和践行社会主义核心价值观，树立良好道德风尚。

二、健全多元共治机制 提高乡村治理能力

治理体系和治理能力是一个相辅相成的有机整体，治理体系完善为治理能力的提升提供了前提，治理能力提升为治理体系效能的实现奠定了基础。社会治理能力是充分运用各项治理体系治理社会各方面事务，使之相互协调、共同发展的能力。发挥乡村治理体系的效能要从以下几个方面优化多元共治机制，提升多元共治主体乡村治理的能力。

精确定位党政机关的角色权责。第一，党组织要严格规范村民委员会换届选举工作，完善"两委"班子成员资格联审机制，提升基层党员、干部法治素养，增强班子成员的履职能力；第二，乡镇人民政府既要发挥组织领导、统筹协调、监督检查等传统行政法意义上的管理职责，又要积极履行责任承担、信赖保护、服务供给、福利保障等现代行政法意义上的国家义务；第三，司法行政机关要完善公共法律服务体系，建立一村一法律顾问制度，培育村民的法律意识，强化村民自我管理、自我服务、自我教育、自我监督的能力，夯实人民群众在乡村自治中的主体地位；第四，政府部门要充分发挥科技对社会治理的支撑作用，加大资金投入力度，运用现代信息技术，提升乡村治理能力水平，实现智能化、智慧化、数字化。

大力提升村委村民的自治能力。村支部是乡村治理的导航者，要通过各种形式的党建共建活动全面加强乡村党支部建设，开阔党员干部的视野，拓宽治理能力提升的渠道，切实增强服务群众的能力。村委会是村民的自治组织，是乡村治理的重要载体，要确保村委会产生的合法性和民主性，村委会成员应提升个人修养，提高服务能力，创新自治方式，发挥自治功能。村民是乡村治理的主体，要在制度上确立村民的主体地位，维护

广大村民的基本权利，增强村民的话语权，培育村民的公共精神，进而促进乡村善治的实现。

积极引导社会组织和个体参与乡村治理。在工业、服务业现代化进程中，乡村精英大量流向城市，造成了乡村治理主体力量的空缺，严重地影响了乡村治理的现代化进程。在新时代乡村社会治理过程中，应鼓励乡村精英回归乡村，助力乡村社会的现代化建设。同时，要完善基层社会组织参与机制，鼓励和引导企事业单位，如高校科研院所、律师事务所、社工组织等参与乡村治理，弥补乡村精英流失造成的治理力量的不足。

三、建立利益共享制度 提升乡村治理成效

建立公平合理的利益协同和分配机制是实现乡村治理现代化的关键。对共同利益的追求形成了乡村治理多元参与共治格局，只有建立合法合理的利益共享制度，确保各个主体利益的合理实现，才能从根本上提升乡村治理的效果。

树立正确的利益共享价值导向。在多元共治格局中，不同主体之间以及村民内部之间的价值观和价值诉求都呈现出多元化、多样性的特点，因此对乡村治理主体的价值理念进行整合，构建多元主体价值共识，树立正确的价值导向尤为重要。具体而言，要坚持以人民为中心的价值理念，以多数村民的公共利益为合作共治的根本价值导向，统筹兼顾其他参与主体的合法利益，最大限度地利用各主体所拥有的资源，形成乡村治理合力，实现各方利益最大化。

进一步巩固提升农村集体产权制度成果。一是要改革完善农村集体土地制度。农村土地制度是推进农业现代化、建设乡村产业和推动乡村经济发展最重要的制度影响因素。完善三权分置制度，有效地保障农村集体经济组织、承包农户和经营者的合法权益，促进现代农业的发展。建立农村产权交易制度，鼓励村集体和村民将集体经营性建设用地和闲置宅基地通过产权交易中心以出租、入股或者其他方式进行流转。二是要大力发展村集体产业，盘活闲置资源。一方面要深入推进农业供给侧结构性改革，培育壮大农村专业合作社，发展具有地域特色、符合市场需求的产业项目。另一方面要兴建村集体企业，盘活村集体所有闲置资产，增加集体经济积累，优化资源资产效益。同时，改革村级财务管理制度，保障运转的财政

资金实行村财镇管，集体经济收益实行民主监督下的村委会统管，充分调动村级发展集体经济的积极性。

四、完善利益联结机制，构建企农双赢共同体

稳定和完善企农利益联结机制，构建企农双赢的命运共同体，不仅是新时代农业产业化健康发展的核心动力，更是调动全社会力量参与乡村振兴的重要举措。政府部门应有针对性地构建稳定高效的企农利益联结机制。在农业生产经营领域，重点提高农民组织化程度，减少地方政府对利益分配的直接干预，强化利益保障和利益调节机制建设；在农村资产运营领域，重点深化农村产权制度改革，强化资产增值收益分配引导，健全农村产权市场和风险防范体系；在乡村公共产品供给领域，重点创新政府与工商企业合作方式，强化利益合理补偿；加快建设农村信用体系，健全农村居民信用体系、企业诚信管理制度；协调龙头企业和小农户、家庭农场、农民专业合作社等主体的利益诉求。

在政府引导支持和龙头企业的带动引领下，特别是贫困户要充分利用自身的努力，积极开展适度规模经营，通过联合合作与龙头企业建立稳定的利益联结机制，主动参与利益协调、保障和分配机制的创新和完善，让自己成为现代农业发展的参与者和受益者。家庭农场、专业大户、农民专业合作社等主体要积极发展农业产业化联合体，通过与龙头企业对接，带动小农户打通从农业生产向加工、流通、销售、旅游等二三产业环节连接的路径，提升农业生产经营的组织化程度。

第三节　产业兴旺　铺展乡村富裕新图景

近年来，安徽省支持乡村产业发展的一系列政策措施不断落地，推动实施了一批重大工程、重大项目，乡村产业发展取得积极成效。农业生产继续稳定发展，2020 年安徽省粮食总产量 4019 万吨，居全国第四位，农林牧渔业总产值为 5680.91 亿元，相比 2019 年增长了 518.78 亿元；农业全产业链条发展更加成熟，2020 年安徽省农产品加工业产值达 1.12 万亿元，随着农业产业链条不断延伸，产业发展的质量和效益不断提高。公共文化服务效能不断提升，省市县乡村五级公共文化设施建设全面加强。到

"十三五"末，全省图书馆、文化馆、博物馆、美术馆面积分别增长52%、54%、57%、102%，乡镇（街道）综合文化站实现全覆盖，村级综合性文化中心覆盖率从不足30%提高到96%。文化遗产保护传承利用全面推进。31个红色旅游景点纳入《全国红色旅游经典景区名录》。新增省级以上非遗项目136个，总数达479项；新增省级以上传承人261名，总数达792名；省级传习基地（传习所、非遗工坊）达90个。徽州文化生态保护区入选首批国家级文化生态保护区（全国仅7个）。文化产业和旅游业快速发展。"十三五"末，全省文化产业法人单位8.13万个，其中全国30强2家。旅游生产经营单位3.3万个，其中全国旅游集团20强3家。新增A级旅游景区65家，总数达625家，其中5A级景区由9家增至12家。新增旅行社414家，总数达1519家。星级饭店发展至302家。2020年，全年接待境内外游客4.7亿人次，旅游总收入4238亿元，分别恢复至2019年同期的57.3%和49.7%，恢复水平位居全国前列。

总的来看，安徽省乡村产业发展态势良好，但仍有广阔发展空间，关键要在产业发展基础方面继续夯实，当前存在的一些短板弱项也需及时补足和加强。一方面，乡村产业综合实力和竞争力仍不够强，表现出门类不全、规模较小、链条较短、布局较散的特征；乡村一二三产业融合程度不高，品种、品质、品牌等方面都亟待提升，产业发展的质量效益和农民获得的增值收益都比较低；一些地方同质化竞争现象比较突出，产业的内生动力和自我发展能力都需增强。另一方面，农产品加工水平和能力有待提升，主要是农业发展方式较为粗放，农产品加工技术和装备等较为薄弱，农业标准化建设推进较为缓慢，这些都制约了农产品加工产业的发展。与此同时，乡村产业发展的资源要素和配套设施支撑仍不足，制约城乡要素双向流动和平等交换的障碍依然存在，资金稳定投入机制尚未建立，技术研发支持力度不够，人才激励保障机制尚不健全，乡村交通物流、网络通信、仓储冷链、商业网点等设施建设也有待加强。

要解决好这些现实问题，需着眼于国家重大战略需要，聚焦稳住农业基本盘的要求，顺应产业发展规律，立足农业产业特征，以农民为主体，以农业农村特色优势资源为依托，以科技创新为支撑，以农村一二三产业融合发展为路径，发挥有效市场和有为政府的作用，以更大力度、更实措施推动乡村产业振兴，带动乡村全面振兴。

一、以党的治理效能促进农村更富裕

坚持党对乡村产业振兴的全面领导，把党领导经济工作的制度优势转化为治理效能。贯彻落实《国家乡村振兴战略规划（2018—2022年）》《中国共产党农村工作条例》等党的重大政策文件和法规制度对乡村产业振兴的规划部署，全面推进我国乡村产业振兴。发挥各地各级党组织培育农村产业的组织优势和治理效能，推进构建现代化农村产业体系，带动农村经济发展，促进农村更富裕。支持农村基层党组织领导扶持壮大集体经济，盘活农村集体资产资源，依托农村当地资源禀赋、区位条件、产业基础，创新产业项目合作方式，发展壮大集体经济，促进农民增收和农村富裕。

二、以拓宽多种功能促进农村更富裕

加快乡村产业振兴，必须重视拓宽农业农村多种功能，向功能要产业发展空间，以功能拓展培育新产业、新业态，拓宽农村致富的路径。重视开拓农业农村文化功能，积极开发古村落古建筑、农耕文化、民俗节日、传统手工艺等文化资源，发展农耕体验、创业农业等"农业+文化"新业态。大力开拓农业农村生态功能，坚持生态有限、绿色发展，积极开发稻田、花海、湖泊等生态资源，发展生态观光、休闲旅游等"农业+生态"新业态。

三、以现代农业园区促进农村更富裕

习近平总书记在2020年底召开的中央农村工作会议上指出，"从全国面上看，乡村产业发展还处于初级阶段，主要问题是规模小、布局散、链条短，品种、品质、品牌水平都还比较低"。破解这些问题，必须找准着力点，走高质量发展之路。其中，现代农业产业园是加快乡村产业振兴、实现乡村产业高质量发展的重要平台和载体抓手。各地要坚持突出产业立园、科技兴园、品牌富园、机制活园，依托建设现代农业产业园，汇聚各类产业要素和经营主体，发展现代农业、农产品加工业及相关产业，激活农村产业经济活力，进而促进农村更富裕。

四、以赋能经营主体促进农村更富裕

产业振兴，经营主体是关键。当前，要重点培育好新型农业经营主体，依托各类各级培训体系，在经营理念、市场信息、技术推广、产品营销等方面赋能龙头企业、农民合作社、家庭农场等产业经营主体。积极支持各类经营主体探索多样化的产业项目合作模式，发挥不同经营主体在农业生产、机械设备、市场流通、平台载体等方面的差异化优势，在农业全产业链条上开展专业化分工协作，实现利益共享、风险共担。加强政策支持，引导小农户开展合作与联合，提高组织化程度，促进小农户和现代农业有机衔接，提升发展现代农业能力。通过赋能各类产业经营主体，加快乡村产业振兴，带动农户增收，促进农村更富裕。

五、以数字技术优势促进农村更富裕

数字技术具有精准精确、互联互通、实时共享等优势。数字技术在农业农村领域的加快应用，带来农业农村发展的深刻变革，促进农村更富裕。数字技术与农业的融合，促进农业生产数字化，推动实现农田环境气象、苗情、病虫害、农业投入品等农田应用状态的实时监测，便于农业产业"一张图"管理，提升农产品生产效益和质量安全。数字技术赋能农产品采后环节，促进农产品采后加工和市场流通数字化，提高采后加工设施利用率和农产品物流效率，提升产业效益。数字技术促进农村电商产业发展，增强农业经营主体的经营能力，推动产销精准对接，实现农产品网销增收。

参 考 文 献

［1］Arora-Jonsson S, Larsson O. Lives in limbo：Migrant integration and rural governance in Sweden ［J］. Journal of Rural Studies, 2021, 82：19-28.

［2］Dinnie E, Fischer A. The Trouble with Community：How 'Sense of Community' Influences Participation in Formal, Community – Led Organisations and Rural Governance ［J］. Sociologia Ruralis, 2020, 60（1）：243-259.

［3］Esparcia J, Abbasi F. Territorial governance and rural development：challenge or reality? ［J］. Neoendogenous Development in European Rural Areas：Results and Lessons, 2020：33-60.

［4］Ge D, Lu Y. A strategy of the rural governance for territorial spatial planning in China ［J］. Journal of Geographical Sciences, 2021, 31：1349-1364.

［5］Georgios C, Barraí H. Social innovation in rural governance：A comparative case study across the marginalised rural EU ［J］. Journal of Rural Studies, 2021, 99：193-203.

［6］Hou H, Tang K, Liu X, et al. Application of artificial intelligence technology optimized by deep learning to rural financial development and rural governance ［J］. Journal of Global Information Management （JGIM）, 2021, 30（7）：1-23.

［7］陈荣卓, 李梦兰, 马豪豪. 国家治理视角下的村规民约：现代转型与发展进路——基于"2019 年全国优秀村规民约"的案例分析 ［J］. 中国农村观察, 2021（5）：23-36.

［8］丁文, 戴凯. 合作共治：三治融合视阈下的村民自治转型——基

于 W 村的实证调查［J］．华中师范大学学报（人文社会科学版），2021，60（5）：1-11．

［9］董帅兵．中国共产党领导乡村治理的百年历程、基本经验与实践启示［J］．西南民族大学学报（人文社会科学版），2022，43（3）：197-206．

［10］段浩．乡村振兴战略背景下法治乡村建设的理论逻辑及其展开［J］．西南民族大学学报（人文社会科学版），2022，43（8）：87-91．

［11］高强，周丽．协同治理视阈下乡村建设实践样态解析——基于江苏常熟"千村美居"工程的案例观察［J］．南京农业大学学报（社会科学版），2022，22（6）：22-33．

［12］何得桂，韩雪．属性治理：基层党建引领乡村振兴的有效实现路径［J］．农村经济，2022（5）：69-78．

［13］孔凡义．政党引领与乡村治理再造［J］．浙江社会科学，2023（4）：32-39，157．

［14］雷乐街，张斌．建党百年：中国农村改革回顾总结与乡村振兴展望［J］．中国农村经济，2021（7）：139-144．

［15］黎珍．乡村振兴视角下乡村治理的内在逻辑分析［J］．贵州社会科学，2021（11）：147-153．

［16］李周，温铁军，魏后凯，等．加快推进农业农村现代化："三农"专家深度解读中共中央一号文件精神［J］．中国农村经济，2021（4）：2-20．

［17］刘守英，熊雪锋．中国乡村治理的制度与秩序演变——一个国家治理视角的回顾与评论［J］．农业经济问题，2018（9）：10-23．

［18］罗必良，耿鹏鹏．乡村治理及其转型：基于人情关系维度的考察［J］．农业经济问题，2022（10）：6-18．

［19］王冰丽，武艳敏．共同富裕视域下乡村治理能力提升的制约因素与破解路径［J］．贵州社会科学，2022（9）：160-168．

［20］王冠群，杜永康．技术赋能下"三治融合"乡村治理体系构建——基于苏北 F 县的个案研究［J］．社会科学研究，2021（5）：124-133．

［21］王浦劬．新时代乡村治理现代化的根本取向、核心议题和基本路

径［J］.华中师范大学学报（人文社会科学版），2022，61（1）：18-24.

［22］王世军.健全自治、法治、德治相结合的乡村治理体系［J］.中国农业资源与区划，2022，43（7）：215，242.

［23］辛境怡，于水.乡村有效治理的困境与超越：治理资源配置的视角［J］.农村经济，2022（9）：67-75.

［24］徐国斌，鲁琼.农业农村优先发展的理论溯源——评《中国农村发展40年：回顾与展望》［J］.中国农业资源与区划，2019，40（9）：108，168.

［25］颜德如，张玉强.乡村振兴中的政府责任重塑：基于"价值-制度-角色"三维框架的分析［J］.社会科学研究，2021（1）：133-141.

［26］张利痒，唐幸子.新乡贤、变革型领导力与乡村治理——基于嵌入式多案例研究［J］.农业经济问题，2022（10）：40-52.

［27］张琦，杨铭宇.空间治理：乡村振兴发展的实践路向——基于Q市"美丽乡村建设"的案例分析［J］.南京农业大学学报（社会科学版），2021，21（6）：128-139.

［28］张新文，郝永强.结构-过程视角下中国乡-村关系的演进与展望［J］.浙江社会科学，2022（12）：68-77，157-158.